1만 명 리더의 고민

HOW TO LEAD

승리하는 조직, 성취하는 직원을 만드는 팀장 수업

1만 명 리더의 고민

아사이 고이치 지음
임해성 옮김

THE NAN
더난콘텐츠

1만 명의 리더는 '같은' 고민을 하고 있다

고민 없는 리더는 없습니다. 조금 더 구체적으로 말하자면 리더의 고민은 끝이 없습니다. 리더의 일상은 계속해서 발생하는 트러블이나 해결하기 어려운 문제와의 싸움의 연속이라고 해도 과언이 아닙니다. 저 또한 독자 여러분들과 마찬가지로 회사 생활을 하는 동안 수도 없이 많은 고민을 하면서 현장 관리를 해왔습니다. 지금도 잊을 수 없는 일이 하나 있습니다.

24년 전 아무런 경험도, 실적도 없는 상태에서 저는 갑자기 팀 리더의 역할을 맡게 되었습니다. 저의 승진을 축하하기 위해 마련된 자리에서 긴장을 감추지 못한 채 어색하게 웃으면서 잘 부탁한다는 인사를 하는 저의 귀에 이런 말이 들려왔습니다.

"대체 무슨 일을 시키실 건가요?"

저보다 나이가 많은 부하직원이 한 말이었습니다. 누가 봐도 싫다는 표정이었고, 그 한마디 말 속에서 '너 같은 아마추어 애송이에게 호락호락 당하고 있지는 않겠다'는 결연한 의지가 오싹하게 전해져왔습니다.

고립무원(孤立無援), 전도다난(前途多難). 그런 역풍 속에서 리더로서의 인생이 시작되었습니다. 그래도 저는 제가 할 수 있는 일에 최선을 다했습니다. 혼자 해결하기 어려울 때는 팀원들에게 의지하면서 솔직하게 저의 약점을 인정했습니다. 열심히 땀 흘려 일하다 보니 어느덧 팀원들의 태도에도 조금씩 변화가 나타나기 시작했습니다.

'우리 말고는 의지할 데 없는 이 상사를 도와줘야겠다'고 생각한 것일 테지만 모두 함께 노력했습니다. 그 결과 놀라운 일이 일어났습니다. 전국 31개 지점 중 25위 이상의 성적을 받아본 적이 없는, 야구로 말하자면 만년 2군이나 후보에 불과한 성적을 내던 지점을 2년 연속 일본 제일의 실적을 올리는 지점으로 만들었습니다.

이러한 실무 경험을 살려 2001년부터는 일본 최고의 비즈니스 스쿨 '경영 아카데미(공익 재단법인 일본생산성본부 주관)'에서 수많은 리더들을 육성해왔습니다. 기업, 업계 단체, 지방자치단체 등의 의뢰를 받아 연간 100회 이상의 연수와 강연을 했고, 컨설턴트로서 직접 현장에 들어가 리더들과 함께 고민하고 행동하면서 문제해결을 도왔습니다. 어느덧 세미나나 컨설팅을 통해 지도한 리더의 수가 1만 명이 넘습니다.

"아사이 씨 덕분에 리더로서 해야 할 일을 명확히 알게 되었습니다."

이런 가슴 따뜻한 감사의 인사에 대한 기억과 더불어 신참, 베테랑을 불문하고 현재까지도 해소할 길 없는 고민에 시달리는 리더들과의 생생한 상담과 컨설팅을 진행하고 있습니다.

리더들이 안고 있는 고민에 직접 다가가보고 싶었습니다. 그러한 생각의 결실이 이 책《1만 명 리더의 고민》입니다. 이 책에는 1만 명이 넘는 리더에게서 직접 보고 들은 고민 가운데 50가지를 엄선했습니다. 그 고민들에 제 나름대로의 답을 제시하고자 합니다.

리더가 안고 있는 모든 고민의 원인은 놀랍게도 단 하나입니다. 고민의 근저에는 '회사가 요구하는 실적에 대한 압박'이 있습니다. 만약 회사가 "실적 따위는 아무래도 좋다. 매출을 올리든 말든 당신의 평가와는 상관없으니 즐겁게 일하라"라고 말해준다면 얼마나 좋을까요? 하지만 리더는 항상 실적에 목을 맬 수밖에 없습니다.

어떤 리더든 팀과 자신 혹은 양쪽에서 '바람직한 모습'과 '현실' 사이의 격차로 인해 깊은 고민에 시달립니다. 그런데 막상 1만 명이나 넘는 리더들의 고민을 가만히 들어보면 직접적으로 '실적에 대한 압박 때문에 견딜 수 없다'라는 목소리가 드문 것이 사실입니다.

왜 그럴까요? 의외로 그들이 가지고 있는 고민의 대부분은 '부하직원과의 소통'에 관한 것들입니다.

1만 명 리더의 고민, 대부분은 '부하직원과의 소통'

'몇 번이나 똑같은 말을 해도 실행하지 않는다.'

'능력이 없다.'

'성장 의욕이 없다.'

'그러면서 반항적인 태도만 취한다.'

실적을 올리는 것이 리더의 중요한 역할임에도 불구하고 리더의 고민 대부분이 부하직원에 관한 것인 이유는 무엇일까요? 그것은 회사가 요구하는 실적은 본질적으로 리더 혼자서 만들 수 있는 것이 아닌 부하직원들과 함께 만들어내는 것이기 때문입니다.

리더 한 사람이 발버둥 쳐서는 아무것도 해결되지 않습니다. 직원들이 잘 참여해서 팀으로서 실적을 올릴 수밖에 없습니다. 하지만 리더의 욕심만큼 직원들이 좀처럼 실적을 올리지 못합니다.

지금까지 살펴본 것처럼 회사가 요구하는 실적에 대한 압박이 부하직원과의 소통에 대한 고민으로 전환되어 드러나는 것이 바로 '1만 명 리더의 고민'이라고 할 수 있습니다.

상사에게는 실적을 보여주면 그만이지만 부하직원은 어떨까?

물론 부하직원에 대한 고민만 있는 것은 아닙니다. 제가 만난 1만 명의 리더들은 대부분 중간 관리자 계층입니다. 그러니 만약 리더가 과장이라면 그 상사인 부장으로 인해 생기는 고민도 있기 마련입니다.

다만 상사로 인한 고민은 실적 목표를 달성하면 대부분 해결되는 경우가 많습니다. 당신(당신이 이끄는 팀)이 계속해서 실적을 잘 내고 있다면 큰 문제가 되지 않습니다. 거의 언제나 '실적'을 보여줌으로써 당신의 상사를 납득시킬 수 있을 것입니다. 회사를 둘러싼 경영환경이 어려워질수록 성과를 내는 인재인 하이퍼포머의 존재가 매우 중요해지니까요.

하지만 당신의 직원들에게는 그런 논리가 통하지 않습니다. 직원의 입을 리더의 실적으로 다물게 할 수는 없습니다. 다시 말해 자세히 들여다보면 결국 리더들이 안고 있는 '고민'의 대부분은 '회사가 요구하는 실적을 올리지 못하는 부하직원에 대한 고민'입니다.

다시 말하지만 실적이란 리더 혼자 만드는 것이 아니라 직원들과 함께 만들어내는 것이기 때문이죠. 그러나 그렇다고 해서 직원들과 사이좋게 지내는 것이 반드시 좋은 실적으로 이어진다는 보장도 없습니다.

서로 친하지만 성과는 안 나온다면 팀이 기능하고 있다고 할 수 없고, 리더로서 제대로 일을 하고 있다고도 할 수 없습니다. 즉 리더가 문제해결을 위해 좁혀야 할 초점은 '직원과의 소통' 그 자체가 아니라 팀으로서의 '실적'입니다. 그 실적을 내는 데 필요한 '소통'과 '관리'가 기능하도록 할 수 있다면 고민은 자연스럽게 해소됩니다.

부하직원들이 그만두지 않고, 아프지 않고 목표를 달성하려면

다만 주의해야 할 것이 한 가지 있습니다. 저는 지금까지 몇 번이나 실적이 근본 원인이라고 계속 말했습니다. 리더가 안고 있는 고민의 뿌리는 '회사가 요구하는 실적에 대한 압박'이기 때문에 그 압박을 해소하려면 '실적을 내게 만드는 관리 능력'을 갖춰야 하는 것이 사실입니다.

그러나 또 한편으로는 '숫자'와 '돈'만 추구해서는 더불어 살아갈 수 없는 것이 현실이죠. 실적을 냈지만 매달 직원들이 회사를 그만두거나 과로로 쓰러지는 상황이 이어진다면 이 역시 리더로서 실격입니다.

그러므로 오늘날을 살아가는 리더들은 '실적'이라는 단어의 정의를 넓혀야 합니다. '매출'을 올리는 것만으로는 충분하지 않습니다. 앞으로의 리더에게 요구되는 실적이란 '직원들이 직장을 그만두거나 아프지 않고 보람을 가지고 일하면서 계속해서 목표를 달성하도록 하는 것'입니다.

그럼 이를 위해 무엇을 하면 좋을까요? 1만 명의 리더로부터 의뢰받은 고민을 풀기 위해 저는 '앞으로의 리더가 해야 할 5가지'를 축으로 생각해보았습니다. 리더가 안고 있는 고민은 수없이 많지만 이 5가지를 갖추면 충분히 해결할 수 있습니다.

좋은 리더의 5가지 원칙

① 부하직원을 이끌어라

부하직원을 실적을 올리기 위한 도구가 아닌 함께 일하는 동료로서 바라보며 성장을 지원해주고 있는가?

② 자신을 연마하라

부하직원에게만 시키거나 의지하지 않고, 리더로서 자신의 일에 몰두하여 성장하기 위해 노력하고 있는가?

③ 팀을 구축하라

결과만 괜찮다면 된다는 생각으로 각자도생하지 않고, 서로 협력할 수 있는 진정한 팀을 만들고 있는가?

④ 결과를 내라

결과에 일희일비하지 않고, 결과 다음에 이어질 과정을 올바르게 확인하고 실행하고 있는가?

⑤ 조직을 바꿔라

'이 회사는 뭘 해도 소용없다'고 포기하지 않고, 지혜를 발휘하여 주위 사람들과 함께 회사에 당당하게 변화를 요구하고 있는가?

이 책은 리더가 안고 있는 '고민'을 이 5가지 관점에 근거하여 분류하여 '실적을 내기 위한 관리'가 효과적으로 기능하는 방법과 콘셉트를 정리한 것입니다.

수입이 점점 늘어나더라도 식구들이 모두 제각각이라 집에만 들어가면 찬바람이 부는 가정을 그 누구도 원하지 않을 것입니다. 마찬가지로 이익을 내고 있더라도 일하는 사람이 병이 들거나 그만두는 회사는 결코 좋은 조직이라고 할 수 없습니다. 이직률을 낮추고 정신건강을 유지하면서도 목표를 지속적으로 달성하는 조직을 만들어야 합니다.

이것은 결코 꿈같은 이야기가 아닙니다. 사실 저는 컨설턴트로서 다양한 규모와 업종의 기업들과 조직 개혁에 힘쓰며 수많은 리더들과 함께 고민하면서 성과를 내왔습니다. 당신도 분명 할 수 있습니다. 그런 면에서 이 책이 조금이라도 당신에게 힘이 될 수 있다면 저자로서 더 큰 행복은 없을 것입니다.

제2장 · 자신을 연마하라

제3장 · 팀을 구축하라

제4장 · 결과를 내라

제1장

부하직원을 이끌어라

부하직원을 실적을 올리기 위한 도구가 아닌

함께 일하는 동료로서 바라보며 성장을 지원해주고 있는가?

01.

어떻게 해야 부하직원을
잘 이끌 수 있을까요?

'부하직원을 이끌어라'라고 하면 정이 넘치는 열혈 상사가 "부하의 책임은 모두 제 책임입니다. 오늘 일은 염치없지만, 저를 봐서 용서해주십시오"라고 기꺼이 대신 사과하는 모습을 떠올릴지도 모르겠습니다. 그러나 현실에서는 그런 대응으로 사태가 호전되는 경우는 매우 드뭅니다. 상대(상사)가 느끼는 분노의 화살을 부하직원으로부터 자신에게 향하게 하더라도 문제가 근본적으로 해결되는 것은 아니기 때문이죠.

'부하직원을 이끈다'는 것은 무엇을 의미할까요? 저는 직원 개인, 즉 사람의 문제를 회사 조직 전체, 즉 관리의 문제로 받아들이는 것이라고 생각합니다. 구체적으로는 다음의 3가지로 집약할 수 있습니다.

① 부하직원이 일으킨 문제의 피해를 최소한으로 막는다.
② 직원 개인, 즉 사람의 문제가 아니라 회사 조직 전체, 즉 관리의 문제로 인식하도록 한다.
③ 직원들이 같은 문제를 반복적으로 일으키기 어려운 환경과 시스템을 만든다.

부하직원이 일으킨 큰 사건, 그때 리더가 보인 행동은?

한 식품 제조회사에서 영업직원이 고객사의 중요한 서류를 분실하는 사건이 발생했습니다. 서류에는 거래처나 경쟁사의 매출 실적과 거래 상품의 판매 추이 등이 상세하게 기록되어 있었죠. 정보가 유출되면 정말로 큰일입니다. 그는 분실 사실을 알게 되자마자 리더에게 보고했습니다. 리더도 즉시 고객사 거래처로 달려가 사죄와 함께 상황에 대해 설명하고, 영업직원들에게 연락을 취해 모두 일을 일단 멈추고 분실한 서류를 찾는 데 전력을 쏟으라고 지시했습니다.

서류를 분실한 직원의 보고가 빨랐던 덕분에 리더는 '직원이 일으킨 문제를 최소한으로 막는다'와 '상대방의 감정의 화살을 직원 개인이 아닌 회사 조직 전체로 향하게 한다'라는 부하직원을 지키기 위한 2가지 조치를 신속하게 취할 수 있었습니다.

고객사의 책임자는 분실이라는 중대한 과실을 숨기지 않고, 직접 리더가 이를 보고하면서 사과하고 전 직원이 서류를 찾고 있다는 성실하고도 진지한 대처 방식에 화를 내기는커녕 감격했다고 합니다. 그뿐만 아니라 고객사의 책임자는 자사 직원들에게도 서류를 찾는 것을 도와주도록 지시했습니다. 그 덕분에 서류는 무사히 발견되었죠. "비 온 뒤에 땅이 굳는다"는 말처럼 이 식품 제조회사와 고객사의 신뢰 관계는 전보다 더욱 공고해졌습니다.

'부하직원 이끌기'의 마지막 방법은 부하직원이 문제를 일으키기 어려운 환경을 만드는 것입니다. 이 식품 제조회사에서는 재발 방지책을 강구했습니다. 회사 밖으로 가지고 나가서는 안 되는 서류와 가지고 나가도 되는 서류를 명확히 구분한 것입니다. 서류를 가지고 나가는 경우에는 '반출대장'에 날짜와 시간, 그리고 이름을 기입하도록 하여 관리 체계를 마련하였습니다. 만에 하나 분실되면 이번처럼 신속하게 상사에게 보고하도록 규칙을 정했죠. 상사는 정직하게 보고하는 직원을 비난하지 않도록 했습니다. 이렇게 '직원이 문제를 일으키기 어려운 환경'을 만든 식품 제조회사에서는 이후에는 서류를 분실하는 사건이 다시는 일어나지 않았습니다.

트러블은 반드시 생긴다

아무리 강한 동기부여가 된 일을 하더라도, 또는 아무리 조심해서 일을 하더라도 문제는 반드시 생깁니다. 일이란 인간이 하는 것이며 이쪽 상황뿐 아니라 상대방의 상황도 계속해서 바뀌기 때문이죠. 하지만 문제가 더욱 커지기 전에 ①~③의 조치를 함으로써 대처할 수 있다면 부하직원을 어려운 처지로 내몰지 않아도 됩니다. 신속하게 조치하기 위해서라도 가장 중요한 것은 바로 솔직하게 문제를 보고하는 자세와 기업문화입니다.

앞의 사례에서 부하직원이 정직하게 보고하지 않은 경우를 가정해보면 그 중요성을 잘 알 수 있습니다. 서류를 분실했다는 사실을 모르면 상사도 손을 쓸 수가 없습니다. 모든 대응이 뒷북이 되어 고객사에 보고하고 사과하더라도 "왜 지금까지 숨기고 있었나"라는 추궁을 받을 것입니다. 또한 거래 정지 같은 중대한 문제로 커질 수도 있습니다. 하지만 비록 직원이 정직하게 보고를 했다 하더라도 ①~③의 조

치를 신속히 취할 수 없는 경우가 있습니다. 바로 리더 자신이 정직하
지 못한 경우입니다.

리더의 '정직함'이 부하직원을 지킨다

부하직원의 보고를 받고도 상사가 "그래… 흠 아직, 위에는 보고하
지 말고 두고 보고, 우선 우리끼리 찾아보자"라는 자세를 취했다면 결
국 대응이 늦어집니다. 이는 부하직원을 지키는 것과는 완전히 반대
되는 행동이죠. 리더가 평상시에 발생한 문제에 대해 빨리 상사에게
보고하도록 하고 일이 커지기 전에 대처하는 자세를 보여준다면 부하
직원도 문제를 빨리 보고하는 편이 낫다는 것을 배웁니다. 나아가서
는 부하직원 자신을 지키는 행동으로도 이어지죠.

부하직원을 이끌기 위한 행동은 말로는 매우 쉬운 것들입니다. 그
러나 실행에 옮기기는 어렵죠. 우선 리더부터 항상 문제나 트러블이
발생했을 때 정직한 자세가 요구되기 때문입니다.

당신은 정직한 태도를 부하직원에게 보여줄 수 있나요? 부하직원
을 이끌기 위한 첫걸음은 리더인 당신의 '정직'에서 시작됩니다. 그리
고 그런 당신의 정직함이 당신 자신도 지켜줄 것입니다.

02.

직원들이 편하게 면담할 수 있는 상사가 되는 방법을 알려주세요.

'면담'을 둘러싼 상사와 부하직원의 오해

리더들 연수 자리에서 리더들에게 이런 질문을 하곤 합니다.

"직원들에게 '사태가 이 지경이 되기 전에 빨리 면담하러 와라'라고 느끼는 경우가 있습니까?"

그러면 대부분의 리더들이 "네"라고 답합니다. 빨리 면담을 요청하는 부하직원도 있지만, 그런 부하직원은 대개 면담이 필요 없을 정도로 우수한 사람인 경우가 대부분이죠. 정작 면담이 필요하다고 생각되는 사람은 전혀 면담을 요청하지 않는다는 것이 많은 리더들의 고민입니다.

그다음 저는 질문을 바꿔서 다시 수강자들에게 묻습니다.

"여러분, 자신은 자신의 잘못을 드러내고 상사와 신속하게 면담하고 있습니까?"

그러면 대부분의 리더가 자기 자신도 적절한 시기에 상사와 면담을 못 하고 있다는 사실을 깨닫습니다. 면담을 둘러싼 상사와 부하직원 간의 오해는 그만큼 뿌리가 깊은 문제입니다.

면담하기 어려운 분위기의 6가지 패턴

부하직원들이 상사에게 면담을 요청하는 타이밍이 늦어지는 이유를 들어보니 크게 다음의 6가지로 나눌 수 있습니다.

① 바빠 보이는 상사를 번거롭게 만들고 싶지 않다.

② 이전에 면담했을 때, 상사의 반응이 차가웠다. 컴퓨터를 들여다본 채 얼굴도 들지 않고 낮은 목소리로 "왜?"라고 했다. 그것이 상처가 되어 면담을 요청할 수 없다.

③ 별일 아닌 것으로 호들갑을 떠는 모양새로 비쳐져서 '이 사람은 무능하다'라는 평가가 내려질까 두렵다.

④ 1대 1로 상사와 이야기하는 것 자체가 부담스럽다. 더구나 꾸중을 들을 만한 내용은 도저히 말할 수 없다.

⑤ 나름대로 만회하려고 노력하다가 사태가 커져서 커버할 수 없게 되면 그제야 면담을 요청한다. 또는 문제를 끌어안고 있다가 시간을 다 써버려서 면담이 늦어진다.

⑥ 상사가 항상 '리더는 우수해야 한다'는 식으로 행동하고, 부하직원들 또한 상사의 우수한 면을 느끼고 있다. 그래서 그런 상사에게 더욱더 약점을 드러낼 수는 없다.

어떤가요? 공감이 가지 않나요? 위의 6가지 경우를 보고 알 수 있듯이 리더들이 '면담하기 부담스러운 분위기'를 만들고 있기 때문에 부하직원들의 면담 요청이 늦어지는 경우가 많습니다. 어떻게 하면 면담하기 부담스러운 분위기를 지울 수 있을까요?

있는 그대로 받아들여라

앞에서 설명한 6가지 경우에 나와 있듯이 면담하기 부담스러운 분위기의 원인 가운데 하나는 리더가 우수하지 않으면 안 된다고 스스로 생각하면서 좋은 리더가 되려고 하는 데에 있습니다. 그 때문에 부하직원은 리더에 대해 '작은 문제를 상의하면 무능하다고 생각할 것 같다'거나 '약점을 드러내서는 안 된다'고 느끼는 것이죠. 리더들 또한 상사에게 면담을 제때 못 하는 이유도 마찬가지입니다.

면담하기 편한 리더가 되기 위해서는 우선 리더가 있는 그대로의 자신을 받아들이는 것부터 시작합시다. 괴로운 상황에 빠져 있는 자신을 '지금 내가 할 수 있는 최선을 다하고 있다'고 인정하는 것입니다. 이것을 심리학에서는 '자기 수용'이라고 부릅니다.

자기 수용이 이루어지면 타인의 좋은 면과 나쁜 면을 다 포함해서 '그것은 그것대로 좋다'고 인정할 수 있게 됩니다. 이것을 '타자 수용'이라고 합니다. 자기 수용을 할 수 있게 되면 좋은 면과 나쁜 면 모두를 있는 그대로 받아들이는 마음의 용량이 증가하여 타자 수용으로 이어지는 것이죠. 타자 수용을 할 수 있게 되면 '왜 이런 것도 못하냐'고 다른 사람에게 화를 내는 마음도 누그러지고 면담하기 부담스럽게 만드는 분위기도 점점 옅어질 것입니다.

면담을 좋아하는 상사인 척하라

그렇다고 해도 자기 수용과 타인 수용을 할 수 있게 되려면 아무래도 시간이 많이 걸립니다. 그래서 보다 효과가 있는 방법을 하나 소개하겠습니다. 그것은 '이 상사는 부하직원과 면담하는 것을 좋아하는구나'라고 느끼게 하는 것입니다. 부하직원이 용기를 내어 면담하러 왔을 때 마치 손님이 온 것처럼 밝고 따뜻하게 대하는 것이죠.

"면담하자고? 내가 해도 되는 거야? 이야, 고마워. 기쁘네. 자자, 앉아. 차 마실래, 커피 마실래?"

실제로 과거에 저는 이런 식으로 부하직원을 반갑게 맞이하고 면담할 때마다 귀 기울여 그의 이야기를 들어주었습니다. 제 의견은 뒤로 미루고 직원의 이야기를 끝까지 들어주었죠. 당신의 부하직원도 처음에는 의아하게 생각하면서도 '아, 이 사람은 부하직원과 면담하는 것을 좋아하는구나'라고 생각할 것입니다.

처음에는 좀 과장된 연기라도 상관없습니다. 이 상사는 부하직원과 면담하는 것을 무엇보다 좋아한다고 착각하게 만드는 것이 목적이니까요. 오버액션을 싫어하는 사람은 잠시 일을 멈추고 부하직원을 정면으로 바라보면서 "면담하러 와줘서 고마워"라고 한마디 덧붙이는 것만으로도 효과가 탁월합니다. 당신도 상사에게 면담하러 갔을 때 같은 말을 듣는다면 안심이 되지 않을까요?

나아가 면담할 때 정답을 알려주어야 한다고 강박을 느낄 필요는 없습니다. 안건에 대해 함께 생각해보는 것만으로도 충분합니다. 그러면 부하직원 스스로 생각해서 해결하는 힘을 키우게 되고 성장으로 이어집니다.

'자신을 인정하고 남을 인정한다', '부하직원으로부터 면담 받는 것을 매우 좋아한다고 생각하도록 만든다' 이 두 가지 방법을 염두에 두고 일을 하다 보면 어느새 부하직원의 면담 신청이 자연스럽게 늘어날 것입니다.

03.

책임감을 가지고 성장하는 직원과 그러지 않는 직원 각각 어떻게 지도해야 할까요?

시키는 대로 하는 그의 책임감을 인정한다

시키는 일밖에 하지 않는다거나 눈앞의 일에만 쫓겨서 한 치 앞도 내다보지 못하는 직원에 대해 답답함을 토로하는 리더들이 많습니다. 저는 그때마다 "시키는 일을 정확하게 해내다니 책임감 있는 훌륭한 부하직원이군요"라고 대답합니다. 일상적인 업무에 더해서 미래의 일을 생각하고 이를 위해 노력하는 것은 사실 상당히 고도의 업무 능력입니다.

리더인 당신은 어떤가요? 당신도 역시 부하직원과 마찬가지로 눈앞의 일을 처리하는 데 급급한 것은 아닌가요? 리더 자신도 할 수 없는 고도의 일을 직원에게 요구해서는 안 됩니다. 직원에게 그러기를 원한다면 우선은 리더가 솔선하여 '장차 우리 회사와 팀을 어떻게 만들고 싶은가?', '그러기 위해서 나는 어떤 리더가 되어야 하는가?', '그래서 앞으로 나는 어떤 노력을 할 것인가?'를 선언할 필요가 있습니다. 저는 이것을 '리더 선언'이라고 부릅니다.

리더가 성장 의욕을 드러낸다

리더 선언이란 자신과 팀에 어떤 변화를 일으키며, 무엇을 목표로 할 것인가를 서면으로 정리한 것을 말합니다. 예를 들어 회사의 팀장으로 승진한 후 '리더로서 이런 사람이 되겠다'는 목표를 다음과 같이 선언하는 것입니다.

목표로 하는 모습

팀원 전원이 '기회만 주어지면 반드시 성장할 수 있다'는 강한 신념을 가지고, 시장에서의 경쟁에서 이기기 위해 고민한 것을 확실히 실행할 수 있는 팀을 만들겠다. 나도 조직을 관리하는 능력을 키운다.

액션 플랜

① 팀원의 성장을 촉진하기 위해 월 1회 면담을 실시하여 개개인의 성장 수준을 확인한다.

② 성장을 위해서 이래라저래라 하는 지시를 내리기만 하는 것이 아니라 스스로 솔선하여 구체적인 활동이 이루어낸 결과 이미지를 명확하게 팀원들에게 제시한다. 바람직한 모습에 도달하지 못하는 팀원은 타협 없이 확실히 행동에 옮길 수 있을 때까지 함께 이끌어간다. 리더의 역할은 해보고, 해보이고, 할 수 있도록 하는 것이다.

조금 거칠더라도, 꼭 완벽한 문장으로 다듬지 않아도 좋습니다. 중요한 것은 목표를 향해서 노력하는 모습을 스스로 솔선하여 드러내는 것입니다.

처음에는 싸늘한 눈빛으로 보는 팀원들도 있을 수 있습니다. 그러나 '목표로 하는 모습'을 향해 노력하는 자세를 계속 보여주다 보면 리더의 진심이나 각오를 이해하고 '좋아, 나도 해보겠어'라고 분발하는 팀원이 한 명, 두 명 늘어날 것입니다.

당신 스스로가 성장 의욕을 드러냄으로써 부하직원들에게 '나도 이렇게 되고 싶다'고 생각할 수 있는 계기를 만들어주어야 합니다.

04.

특별히 밀레니얼 세대 직원들에게 맞는 지도 방법을 알려주세요.

최근 감동받은 것을 이야기해준다

무기력, 무관심, 무감동. 이는 딱히 밀레니얼 세대에만 국한된 이야기가 아닙니다. 요즘 젊은이들은 무기력, 무관심, 무감동이라고 개탄하는 리더들에게 당신은 지금 어떤 것에 관심이 있는지 최근에 감동받은 일이 있다면 알려 달라고 물어본 적이 있습니다. 그들 역시 아무런 대답을 하지 못했습니다.

나아가 "그럼 작은 것이라도 상관없으니까 당신의 꿈에 대해 이야기해주세요"라고 물어보았는데도, "꿈이라…"라며 먼 곳을 바라보기만 하고 잠자코 있었습니다. 당신은 어떻습니까? 곧바로 대답할 수 있나요?

그렇다면 사람은 왜 '무기력, 무관심, 무감동'한 상태에 빠지는 걸까요? 비즈니스 스쿨의 합숙 친목회에서 어느 제약회사의 매니저가 이에 대한 힌트를 알려주었습니다.

"5명의 부하에게 단순 작업을 부탁한 적이 있습니다. 자세히 들여다보니 같은 작업이라도 각각 방식이 조금씩 다르다는 것을 깨달았습니다. 차이를 발견해 왜 그런 식으로 작업하느냐고 물어보았죠. 설명을 들어보니 다 나름의 이유가 있었고, 그 사람의 노하우가 있음을 알 수 있었습니다. 질문을 받은 부하는 매우 기쁜 표정으로 신이 나서 그 이유를 말해주었습니다. '이렇게 세세한 데까지 신경을 써주고 알아봐주셔서 기뻐요'라는 말이 잊히지 않네요."

사람은 누구나 다른 사람의 인정을 받고 싶어 하는 강렬한 열망이 있습니다. 그런데 아무리 애써도 봐주지 않습니다. 칭찬을 받지도 못합니다. 감사의 인사도 없습니다. 조직에 공헌한다는 실감이 없습니다. 자신의 의견을 묻는 경우도 없습니다. 그러니 그저 시키는 일을 로봇처럼 담담하게 해낼 뿐입니다. 이러한 반복이 사람을 '무기력, 무관심, 무감동'하게 만드는 것이 아닐까요?

성장의 계기는 리더가 만드는 것이다

부하직원에게 좋아하는 것을 말하도록 해서 일의 성과가 눈에 띄게 달라진 사례가 있습니다. 어느 영업소장이 매사 무기력해 보이는 부하직원을 거느리고 있었습니다. 그는 그 직원에 대해 '뭘 어떻게 하는 것도 이미 글렀다'라고 거의 포기에 가까운 감정을 가지고 있었다고 합니다.

그러던 어느 날 어쩌다 그 직원이 공룡을 좋아한다는 것을 알게 된 영업소장이 영업 현장에 동행했다가 돌아오는 길에 공룡 이야기를 꺼내보았답니다. 그러자 직원의 표정이 단번에 밝아지더니 미국의 공룡박물관에 갔을 때 얼마나 감동했는지, 태고의 세계에 얼마나 많은 낭만이 있는지를 신이 나서 이야기하기 시작했다고 합니다. 그토록 밝은 직원의 표정을 처음 본 영업소장도 덩달아 마음이 상쾌해졌습니다.

"공룡 세계도 재미있네. 나중에 좀 더 가르쳐주게."

이 대화를 계기로 부하직원의 일하는 모습이 조금씩 바뀌어갔습니다. 영업소장과의 소통이 활발해지면서 이렇게 혹은 저렇게 해보고 싶다고 적극적으로 어필하게 된 것이죠. 사람은 무기력, 무관심, 무감동에 언제까지나 머물러 있을 수 있는 존재가 아닙니다. 당신의 한마디가 부하직원을 바꾸는 계기가 될 수 있습니다.

05.

직원들을 편애하지 않고 평등하게 대하는 방법을 알려주세요.

비교해도 좋지만 문제는 방법이다

부하직원들은 제각각 일의 양도 질도 다릅니다. 리더로서 부하직원을 평가할 때는 아무래도 비교해서 우열을 가릴 수밖에 없죠. 오히려 모든 사람에게 평등한 평가를 내리는 것이 더 부자연스러운 일이니 부하직원들을 비교하는 것 자체는 아무런 문제가 없습니다.

문제는 비교 방법입니다. 당연히 성격이나 외모 등 리더의 취향에 따라 우열을 가리는 것은 금물입니다. 비교의 기준은 어디까지나 일이라는 사실을 잊어서는 안 됩니다. 일로서 요구하는 결과를 만들었는지 아닌지가 회사에서 유일하게 인정되는 '공정'한 비교의 잣대입니다. 리더는 일을 기준으로 한 엄정한 평가를 유지해야 합니다.

어느 경비회사의 영업소에서는 인사 평가를 'SS', 'S', 'A', 'B', 'C'의 5단계로 평가했습니다. 그러나 실제로는 사고를 일으키지 않는 한 'C'를 받는 직원은 한 명도 없었습니다. 모두가 달콤하고 좋은 평가를 계속 받아왔으니 직원들의 사기가 높겠지 하고 들여다보면 결코 그렇지도 않았습니다.

소장은 그저 할 일을 제대로 하지 못한 직원을 보고도 못 본 척하며 엄격하게 지도하지 않은 채 후한 평가를 주었을 뿐이었습니다. 이런 상황에서는 일 잘하는 직원은 당연히 재미가 없어집니다. 노력하든 노력하지 않든 평가에 차이가 없으니 당연히 직장에서 열심히 하겠다는 의욕이 사라집니다.

엄격한 평가야말로 성장을 낳는다

시간이 흐르고 새로운 소장이 취임했습니다. 그는 자신이 해야 할 일을 제대로 하고 있는지, 아닌지 사실을 기반으로 부하직원을 엄격히 평가하여 'SS', 'S', 'A', 'B', 'C'의 5단계로 나누었습니다.

한편 그는 매일 사원, 파트타이머 구별 없이 "좋은 아침입니다", "피곤하지 않아요?"라고 인사를 건네며 순회를 했습니다. 면담을 할 때도 상대가 누구든 진지하게 이야기를 듣고 상대방이 어려움을 호소할 때는 거리낌 없이 도왔습니다.

2년 뒤 그 영업소는 어떻게 됐을까요? 아무리 엄격하게 평가를 해도 'B'나 'C'를 줄 수 있는 사람이 없다고 판단될 만큼 일 잘하는 사람들이 육성되었습니다.

엄정한 평가를 줌으로써 평가가 좋은 직원은 계속 열심히 하자고 분발하였고, 평가가 나쁜 직원은 자신이 무엇이 부족한지 명확히 인식하고 '나도 제대로 열심히 하면 좋은 평가를 받을 수 있겠구나'라며 분발했습니다. 직원 모두의 의욕이 높아지고, 평가가 나빴던 직원들도 필요한 기술을 좀 더 충분히 익힙니다. 그러한 활동이 팀 전체의 성장으로 이어진 것이죠.

리더는 호불호나 궁합 같은 주관적인 관점에서 비교하지 않고 일이라는 사실을 바탕으로 평가합니다. 사실을 바탕으로 공평하게 평가하고 함께 일하는 동료로서 개개인에게 차별 없이 평등하게 인사나 말을 걸어주는 것이죠.

다시 한 번 말하지만 평등하게 평가할 필요는 없습니다. 공평하고 엄정하게 부하직원을 '비교'해야 합니다. 그것이 리더인 당신의 중요한 업무입니다.

06.

직원과의 관계

어떻게 해야 일을 못하는 직원의 장점을 알아낼 수 있을까요?

→ 누구나 마음이 맞지 않는 사람이 있기 마련입니다. 그 와 중에서도 일을 잘 못하는 부하직원의 특기나 장점을 찾고 싶어 하는 당신은 훌륭한 리더입니다. 다만 다시 한 번 생각해보았으면 하는 것이 있습니다. 마음이 맞는 직원과 맞지 않는 직원 양쪽 모두 당신과 접촉하는 횟수가 과연 똑같았을까요? 마음이 맞는 직원과는 자주 소통하지만 마음이 맞지 않는 직원과의 관계는 기피하고 있는 건 아닐까요?

접촉 횟수에 차이는 없는가?

어느 광고회사의 팀장은 관리자 연수에서 사람을 키우려면 그 사람이 잘하는 것이나 장점을 키워줘야 한다고 배웠습니다. 그러나 막상 그 가르침을 실천하려고 보니 '잘하는 것'이나 '장점'에 대해 스스로 잘 알고 있는 직원과 그렇지 못한 직원이 있다는 것을 깨닫게 되었습니다. 잘하는 것이나 장점을 모르는 직원은 대개 또 마음이 잘 맞지 않는 직원인 경우가 많았습니다. 그 팀장은 '마음이 맞다'와 '맞지 않는다'가 그대로 '사람을 키워준다'와 '키워주지 않는다'로 직결된다는 사실에 스스로 깜짝 놀랐습니다. 잘하는 것이나 장점을 잘 모르는 이유는 분명했습니다. 처음부터 접촉 횟수가 적었기 때문이죠.

마음이 맞지 않는 부하직원과의 접촉을 늘려라

그 팀장이 근무하는 회사에서는 직원 육성의 일환으로 한 달에 1회 이상 부하직원의 영업 현장에 상사가 동행하도록 의무화되어 있었습니다. 자신의 동행 기록을 확인해보니 마음이 맞는 직원의 영업에는 한 달에 5~6회 동행을 했는데, 마음이 맞지 않는 직원의 영업 현장에는 의무사항인 월 1회에 그치고 있음을 깨달았죠.

또 마음이 맞는 직원의 관찰 기록에는 '클라이언트와의 관계 강화를 잘한다'거나 '니즈를 잘 끌어내고 있다'는 메모가 남아 있는데 반해, 마음이 맞지 않는 직원의 관찰 기록에는 새하얗게 비어 있었습니다. 평소 관심을 가지고 주의 깊게 살펴보지 않았던 것이죠. 이래서는 '잘하는 것'이나 '장점'을 찾지 못하는 것도 무리는 아니다 싶었습니다.

그 팀장은 마음을 고쳐먹고 영업 동행 횟수를 모두 동일하게 하기로 했습니다. 그리고 마음이 맞지 않는 직원의 영업에 동행할 때 지금까지와는 달리 직원의 행동을 주의 깊게 관찰하고 기록에 남기기로 했죠.

처음에는 마음이 맞지 않는 부하직원과의 영업 동행이 어딘지 모르게 어색했지만 점점 필요한 소통을 할 수 있게 되었습니다. 그러자 점차 '잘 하는 것'이나 '장점'도 보이기 시작했고, 그의 장점을 키워주려는 노력도 하게 되었습니다. 우선은 마음이 맞지 않는 직원과의 접촉 횟수를 늘려보는 것부터 시작하는 게 어떨까요?

07.

직원 육성

직원의 잘못을 쉽게 부정하고 지적하지 않고도 지도할 수 있는 방법이 있을까요?

지적할 수밖에 없다

지도란 부하직원이 현재 하고 있는 일을 수정하여 올바른 방향으로 이끄는 것이므로 직원의 행동을 지적하는 것을 피할 수는 없습니다. 따라서 필요한 것은 '상대를 지적하지 않는 요령'이 아니라 '정확하게 지적하는 요령'입니다.

정확하게 지적하는 요령은 사실을 근거로 자신의 의사를 전달하는 것입니다. 존재를 부정하는 식의 "너는 안 돼"가 아니라 "고객사에게 열심히 제안하는 건 알겠는데, 옆에서 들어보면 너무 우리의 일방적인 입장만을 말하고 있어. 고객사의 니즈를 전혀 고려하지 못하는 것 같아. 일단 상대방의 요구를 잘 들어보고 거기에 맞춰서 제안해봅시다"라는 식으로 구체적으로 사실을 제시하면서 행동의 수정을 요구하는 식이어야 합니다.

직원도 자신이 하고 있는 일에 대해 어떤 이유로 잘되지 않는지를 알면 행동을 고치기가 쉬워집니다. 직원의 행동이 명백하게 잘못된 경우에는 교정하기 쉬울 것입니다. 하지만 대개의 경우 그보다는 훨씬 복잡합니다. 직원의 말에도 일리가 있는 경우도 많기 때문이죠.

잘못한 게 없다고 주장하는 부하직원들

한 제약회사에서는 타사와의 경쟁 우위를 확보하기 위해 월 300만 엔 이상의 주문을 해주는 약국의 경우에는 월 8회 방문하라는 규칙이 있었습니다. 많은 부하직원들이 이 규칙을 지켰는데, 어떤 직원이 한 달에 4회밖에 방문하지 않았습니다.

여기서 "왜 4회밖에 방문하지 않았어? 더 방문해"라고 무조건 꾸짖으면 직원은 마음을 닫아버립니다. 우선 먼저 왜 월 4회밖에 방문하지 않았는지에 대한 사실부터 확인해야 합니다.

그러자 그 직원은 다음과 같이 대답했습니다.

"8회란 횟수만 채우려면 얼마든지 채울 수 있습니다. 그런데 그건 단순히 회사의 룰을 지키기 위한 행동일 뿐입니다. 저는 보다 효율적인 영업을 지향하고 있습니다. 신상품 제안뿐만 아니라 기존에 납품하는 상품 가운데 무엇이 안 팔리는지를 체크해서 기존 상품의 교체도 동시에 제안하고 있습니다. 새로운 제안을 해서 고객으로부터 '좋다'는 답을 얻었을 때, '그럼 다음 주에 방문할 때 드리겠다'라고 대응하면 방문 횟수를 늘릴 수 있습니다. 하지만 상품을 납품할 때까지 일주일 동안 실제로 그 상품을 팔 기회를 잃게 됩니다. 그래서 미리 고객이 제안을 받아들일 것을 대비해 약국을 방문하여 즉시 보충할 수 있도록 상품을 준비해서 방문한 것입니다. 말씀드리자면 저는 두 번, 세 번 방문할 일을 한 번에 하고 있는 것입니다. 영업의 질적인 측면에서는 회사의 방침대로 8회 방문하는 효과를 유지하고 있다고 자부합니다."

직원도 사실을 근거로 자신의 행동의 이유를 설명했습니다. 상사는 직원의 대답에 쉽게 납득해 월 4회 방문 횟수를 인정하기로 했습니다. 사실을 바탕으로 소통을 하면 상대를 정면으로 지적하지 않아도 되고 그에 따른 대응도 유연하게 할 수 있습니다.

심부름꾼이 되어서는 안 된다

상사의 역할은 경영진으로부터 내려온 목표를 부하직원들에게 전달하기만 하는 심부름꾼이 아닙니다. 월 8회라는 목표를 의미 없이 부르짖기만 하면 스스로 고민하여 보다 효율적으로 업무를 추진하려는 우수한 직원의 성장 기회를 짓밟게 될지도 모릅니다.

상사는 먼저 8회라는 목표 뒤에 있는 경영진의 의도를 파악해야 합니다. 왜 8회인가를 확인해야 하는 것이죠. 그렇지 않으면 직원들이 "4회라도 상관없잖아요"라고 했을 때 대등하게 논의해 이해시킬 수 없습니다. 동시에 직원들도 단순하게 "8회는 말도 안 돼요"라고만 할 것이 아니라 왜 8회가 말도 안 되는지 사실을 근거로 설명해야 합니다. 직원들에게도 설명할 책임이 있는 것입니다.

여기까지 논의를 확실하게 해두면 비록 다른 직원으로부터 '저 직원만 월 4회의 방문을 허락하다니 불공평하다'는 이야기가 나왔을 때도 괜히 쉬쉬할 필요 없이 정당하게 대응할 수 있습니다. '저 직원은 월 4회 방문이지만 1회당 방문 시간은 다른 직원들의 세 배, 네 배다. 그 시간에 이만큼 질적인 영업을 하고 있다. 이 방식을 선택하고 싶은 사람은 선택하라'라고 직원들의 업무 방식에 선택의 폭을 넓혀줄 수도 있습니다. 직원들도 자신이 스스로 선택한 업무 방식으로 일을 하므로 결과와 평가에 대해 납득하고 일할 수 있죠.

일의 자유도를 높일 수 있다

사실을 근거로 대화를 한다고 하면 뭔가 딱딱하다고 느낄 수 있습니다. 하지만 앞에서 이야기한 것처럼 일의 자유도도 높일 수 있습니다. 한번 조정해두면 이후에 이 직원은 '월 4회 방문'을 기초로 목표를 설정할 수 있습니다. 일의 자유도를 높이는 대신 각자 목표에 맞게 자신의 시간을 생산적인 활동에 사용할 수 있는 것입니다.

08.

시키는 것만 하는 수동적인 직원을 어떻게 지도해야 능동적으로 일하게 할 수 있을까요?

정원 가꾸기를 통해 발견한 직원 육성의 요령

수십 년 전 친구가 제게 해준 이야기를 잊을 수 없습니다. 그의 이야기는 '정원 가꾸는 걸 도와주기 싫어하는 아들을 어떻게 하면 바꿀 수 있을까'라는 주제였는데, 그 이야기에 직원 육성의 요령이 담겨 있었습니다. 그는 아들 겐타 군의 도움을 받기 위해 미리 작전을 짜서 겐타 군에게 이렇게 말했습니다.

"정원수 소독을 빨리 하지 않으면 애벌레가 생기는데, 사람이 송충이에게 쏘이면 염증이 생겨서 큰일 난대. 아빠는 네가 아픈 게 싫어. 아빠가 저 키 큰 나무를 소독할 테니까 겐타는 키가 작은 이 나무들을 맡아줄래? 이번 달 주말 중에 언제 시간을 낼 수 있어? 그때까지 소독액이랑 장갑 준비해놓을게."

그렇게 소독은 무사히 끝이 났습니다. 친구는 아들에게 감사의 인사를 전했습니다.

"아들 고마워. 아빠 혼자 소독하기 힘들었는데 네가 도와줘서 빨리 끝났네. 가을에 소독할 때도 키 작은 나무는 겐타가 해주렴. 부탁한다. 그리고 이건 열심히 해서 상으로 주는 용돈이야. 좋아하는 걸 사."

친구는 이 말과 함께 감사와 수고의 마음을 담아 3,000엔을 건넸습니다.

이 일련의 흐름에는 다음의 5가지 단계가 있습니다.

① 해야 하는 일의 이유를 설명한다.

② 역할 분담을 정한다.

③ 할 일을 위한 준비를 한다.

④ 상대방의 편리한 날짜에 맞춘다.

⑤ 감사의 뜻과 다음에 대한 기대를 전달하고 보상한다.

"왜 도와주지 않는 거야!"라거나 "됐으니까 그냥 해!"라고 부하직원을 꾸짖으면서 자발성을 끌어내기는 어렵습니다. 상대방도 마지못해 시키는 대로 할 뿐이죠. 하지만 위의 다섯 단계를 거치면서 친구의 아들은 키 작은 나무 소독이 자신의 일이라는 사명감을 갖게 되었습니다. 업무도 마찬가지입니다. 부하직원은 말 한마디에 자발성을 가지고 행동해줄 정도로 단순하지 않습니다. "제대로 하지 않네"라며 자꾸 참견을 하면 싫지만 억지로라도 하게 될 지도 모릅니다. 그러나 그것은 어디까지나 '시키니까' 하는 것이지 '스스로 할 필요성을 느껴서' 움직이는 것은 아니죠. 그래서 새로운 일을 해주기를 원할 때는 또 다시 지시를 하고 간섭을 하는 악순환에 빠지게 됩니다.

그렇다면 직원에게 지시를 하더라도 자기 일처럼 받아들이고 일하도록 하는 것이 쉽지 않다는 전제하에 어떻게 하면 자신의 일로 받아들이고 일하게 할 수 있는지에 지혜를 쏟는 편이 건설적입니다.

어느 회사의 공방전

어느 음료 유통회사에 상사가 '자동판매기를 깨끗이 청소하고 항상 청결한 상태를 유지하라'라고 아무리 주의를 주어도 마이동풍으로 흘려듣고 청소를 게을리하는 직원이 있었습니다. "청소는 했지?"라고 확인하면 "했습니다"라고 건성으로 대답합니다. "근데 어제 가보니까 더럽던데?"라고 추궁하면 "거기는 원래 금방 더러워져요"라고 둘러대기 바빴습니다. 부하직원을 변화시킬 뭔가 좋은 방법이 없을까 고민 끝에 상사가 어떤 행동에 나섰습니다.

자동판매기를 닦는 전용 세정액을 넣은 용기가 레버를 당겨 스프레이 형태로 세정액을 칙칙 뿌리는 것이라 사내에서는 "칙칙이"라고 부르고 있었습니다. 상사는 부하직원이 영업에 나가기 전에 자연스럽게 영업용 차량의 정리를 돕는 척하다가 "어? 칙칙이는 어디 있어?"라고 물었습니다. 자동판매기를 몇 년 동안이나 청소한 적 없는 그 직원은 그제야 당황해서 찾기 시작합니다. 트렁크 안쪽에서 간신히 찾아낸 칙칙이에는 세정액이 텅 비어 있었죠. "그럼 그렇지 청소를 하지 않았잖아! 언제부터 비어 있었던 거야!"라며 꾸중하는 대신에 가만히 그 칙칙이를 바라보는 상사를 보면서 부하직원도 '이거 큰일이네'라고 생각한 것 같았습니다. 그럼에도 직원은 "맞다, 어제 다 썼지. 금방 다시 채워 오겠습니다"라고 뻔뻔한 변명을 늘어놓고 세정액을 가득 채워 오는 것이었습니다.

그런데 이야기는 여기서 끝이 아닙니다. 직원은 세정액을 채웠을

뿐 또다시 자동판매기 청소를 하지 않았던 것이죠. 직원도 꽤나 의지가 강한 성격의 소유자였습니다. 당연히 상사도 직원이 그러리라고 예상했습니다. 다음 날에도 영업용 차량을 들여다보며 "칙칙이는?"이라고 물어보고는 세정액이 한 방울도 줄어들지 않은 것을 다시 확인했습니다. 그러고는 또 꾸짖는 일 없이 가만히 칙칙이를 바라보다가 고개를 들어 직원의 눈을 바라보았습니다. 직원에게도 역시 그 마음이 전달된 걸까요? 그가 드디어 자판기 청소를 하기 시작했습니다.

때로는 장난이라도 쳐라

그렇게 무거운 첫걸음을 내딛은 부하직원을 상사는 힘껏 칭찬했습니다. 상사는 자동판매기를 "청소하라"는 말을 한 마디도 하지 않았습니다. 자발적으로 움직일 수밖에 없는 상황으로 이끌었을 뿐이죠. 자존심이 상했을 수도 있지만 분명 자발적으로 일한 것에 대해 칭찬을 받으니 직원도 기뻤을 것입니다. 그 일이 있은 후로 그 직원은 자판기 청소를 습관화하게 되었다고 합니다. 적극적으로 일하지 않는다는 이유로 상사가 말과 행동으로 개입해도 부하직원은 능동적으로 행동하지 않을 수 있습니다. 그렇다면 꾸짖음이나 잔소리가 아닌 당신 나름의 장난스러운 행동으로 마치 게임을 하듯 직원의 자발성을 자극해보는 것은 어떨까요?

09.

일에 대한 열정이나 동기 부여가 없는 직원에게 의욕을 불어넣는 방법을 알려주세요.

일부러 일반론으로 대체하라

리더가 "자, 내가 어떻게 해줬으면 좋겠어? 허심탄회하게 말해봐"라고 호소해봤자 부하직원들도 대답하기 어려울 것입니다. "우리는 이러한 것을 기대하는데, 당신은 그걸 못하고 있어요. 그래서 우리가 일하기 힘들어요. 똑바로 좀 해주세요"라고 상사에게 말할 수 있는 직원은 아무도 없기 때문이죠.

부하직원이 어떤 리더를 원하고, 어떤 업무 방식을 원하는지를 알려면 이야기를 일반론으로 바꾸어 물어보는 것이 좋습니다. "내가 어떻게 했으면 좋겠어?"라고 묻는 것이 아니라 "리더에게 필요한 것이 무엇일까?"라는 주제로 토론 자리를 만드는 식입니다.

리더 선언이라는 형식인데 리더가 된 사람이 장차 자신의 회사, 팀을 어떻게 만들어가고 싶은지, 그래서 어떤 리더가 되고 싶은지, 그것을 위해서 어떤 노력을 할 것인지를 직원들에게 선언하는 것입니다.

이번 경우는 말하자면 미래의 리더 선언을 생각해보는 시간을 만들어 자신들이 장차 리더로서 팀을 이끌기 위해서 어떠한 능력을 키우면 좋은지, 어떤 자세를 가져야 할지, 리더의 자세에 대해 자유롭게 대화하도록 하는 것입니다. 그러면 신기하게도 직원들이 "(지금의 리더들은 이렇지만) 나 같으면 이렇게 하겠다"는 의견을 많이 냅니다. 물론 '지금의 리더들은 이렇다'며 대놓고 말하지는 않습니다. 말은 안 했지만 리더가 들으면 '아, 내가 이렇다는 거구나…' 하고 마치 아픈 곳을 찌르는 듯한 솔직한 의견이 쏟아져 나올 것입니다.

과장 연수를 참관하던 부장이 침울해진 이유

제가 교육장에서 과장 연수를 하다 보면 가끔 부장이 참관을 오곤합니다. 처음에는 '음, 잘하고 있구만'이라는 식으로 마치 수업을 참관하러 온 학부모와 같은 얼굴을 하고 있다가 시간이 지날수록 점점 안색이 흐려집니다. "아침저녁으로 말을 바꾸지 않는 부장이 되고 싶다"거나 "부모의 입장에서 부하들의 고민 상담을 들어줄 수 있는 부장이 되고 싶다"는 과장들의 이야기를 들을 때마다 자신의 잘못을 들킨 것처럼 부끄럽고, 자신을 돌아보며 부하들의 불만을 실감하기 때문이죠. 과장 연수가 끝난 후 누구보다 진지하게 "공부가 되었습니다"라며 저에게 인사를 건네는 사람이 참관하던 부장인 경우도 있습니다.

이와 같은 것을 일부러 '리더'와 '직원'의 관계 속에서 공개적으로 해보기 위해 미래의 리더 선언을 생각해보는 자리를 마련하는 것입니다. 직원이 자신에게 요구하는 것을 알고 거기에 부응하는 것만으로도 필연적으로 직원들이 일하기 좋은 환경이 갖추어집니다.

10.

직원 육성

아직 요령이 부족한 젊은 직원들의 의욕을 더욱 높여줄 수 있는 방법이 있을까요?

한 정신과 의사가 '사람의 마음은 쉽게 알 수 없다'고 전제를 까는 것이 원만한 인간관계의 비결이라고 가르쳐준 적이 있습니다. 본래 회사는 자란 환경과 나이가 다 다른, 속마음을 알 수 없는 인간들이 '경영이념의 실현'이라는 공통의 목적과 '이익 추구'라는 공통의 목표를 가지고 모이는 장소입니다. 그 안에서 상하 관계를 형성하며 일하는 것이기 때문에 서로의 속마음을 잘 드러내지 않는 것은 어쩔 수 없습니다.

전자기기 제조회사에서 근무하는, 직원의 의욕을 잘 이끌어내기로 유명한 어느 팀장이 이런 말을 했습니다.

"만약 내가 준 힌트를 바탕으로 부하가 새로운 아이디어를 떠올려도 마치 제로에서부터 그가 생각해낸 것처럼 칭찬합니다. '좋은 생각이네. 훌륭해. 그 아이디어를 실행에 옮기려면 어떻게 하면 좋을지 알려줘'라고 말하면 그는 기꺼이 어떻게 실현할 것인지 생각하기 시작합니다. 사람은 누구나 자신이 생각해낸 것에 대해서는 남이 시키는 일보다 열정을 가질 수 있으니까요."

확실히 이것이 젊은 직원들의 의욕을 높이는 요령입니다. 상사가 직원에게 힌트를 줍니다. 거기에 단 1퍼센트라도 직원이 생각을 더했다면 그것을 '직원이 제안한 아이디어'로 대우하는 것입니다. 그러면 직원은 '스스로 생각한 것이니 실현을 위해 노력하자'는 의욕을 가지고 일하게 됩니다.

상사는 계기를 만들어주기만 하면 된다

한 음료 자판기 판매회사에 다니는 젊은 영업직원이 고민에 빠졌습니다. 자사의 자동판매기를 가게 앞에 설치할 수 있도록 해 달라고 부탁하기 위해 가게 점주를 50번 이상 방문해 면담했지만 계속해서 받아주지 않기 때문입니다.

그 점주는 이른바 고집쟁이 할아버지. 아무리 제안을 해도 '기계에 의지해서까지 장사를 할 생각은 없다'고 고집을 부립니다. 마침내 영업직원은 영업소장에게 매달렸습니다. 같이 가 달라고 부탁해 함께 주인을 찾아갔습니다. 그 자리에서 영업직원이 재차 제안을 했지만 주인은 피도 눈물도 없이 냉정하게 돌아가라고 내칩니다.

이를 지켜보던 영업소장이 마침내 말을 꺼냈습니다.

"점주님, 이 자동판매기는 기계가 아닙니다. 가게가 셔터를 내린 후에도 이 가게를 찾아온 소중한 고객을 상대하는 점주님의 분신입니다."

이 말을 들은 가게 주인이 멈칫 입을 다물었습니다. 그러자 영업직원이 이어받았습니다.

"맞아요. 분신이죠. 저희도 비가 그친 날 아침에는 '밤새 춥지 않았어? 수고했어'라고 말하면서 자판기를 닦거든요."

"그래? 내 대신 귀한 손님을 위해 일하는 나의 분신이란 말이지…."

그렇게 말한 뒤 그들을 바라보는 주인의 눈빛이 온화하게 바뀌었습니다. 이후에는 모든 것이 순조로웠습니다. 설치 계약이 이루어진 것입니다.

　돌아오는 차 안에서 영업소장은 직원을 칭찬했습니다.

　"저기, 비 온 날 아침에 자판기를 닦으면서 말을 건다는 얘기는 아주 괜찮았어. 분신을 다루듯이 한다는 그 얘기에 가게 주인의 반응이 확 달라진 것 같아."

　영업직원은 깜짝 놀라 대답했습니다.

　"아니, 분신 이야기는 소장님이 하셨잖아요. 저는 그냥 거들었을 뿐입니다."

　"그런가? 하지만 가게 주인의 눈빛이 부드럽게 변한 건 분명 자네가 얘기했을 때였어. 그래, 자네의 열정이 통했던 거야."

　아마도 영업직원은 그동안의 노력을 생각하며 속으로 감동의 눈물을 흘렸을 것입니다.

　부하직원의 의욕을 이끌어내는 '계기 만들기'의 장인이 되자는 목표를 가져봅시다. 당신의 말 한마디로 직원이 자신이 만든 성과와 업적을 더욱 값지게 느끼게 해줍시다.

11.

어떻게 해야 직원들을 잘 칭찬할 수 있을까요?

일이 아니라 인간성에 주목하라

부하직원에 대해 빨리 성장하길 바라는 마음이 강하면 강할수록 무심결에 잘 못하는 부분만 눈에 띄게 마련입니다. 평소 부족한 부분을 지적하는 '감점 방식'이 몸에 배어 있는 리더에게 잘하는 부분을 칭찬하는 '가점 방식'으로 전환하라고 제안해도 실행에 옮기는 것이 쉽지 않습니다. 당신은 얼마나 부하직원을 칭찬하나요?

어느 영업팀장이 "부하를 칭찬하기가 어려워요. 그래서 저는 항상 칭찬할 부분이 없는지 찾아요"라고 말했습니다. 그 마음은 훌륭하지만 자기 눈에는 계속 부족한 부분이 들어오는데 잘하는 것은 없는지 눈이 벌게지도록 직원의 행동을 관찰하는 것도 고충이 있을 것입니다.

그래서 직원의 칭찬할 부분을 쉽게 찾는 방법을 소개하고자 합니다. 그것은 바로 일이 아닌 인간성에 주목하는 것입니다. "매일 10분 전에는 출근하네"라든가 "퇴근 전에 항상 책상 위를 깨끗하게 정리하네" 또는 "아까 보니 바닥에 떨어져 있던 쓰레기를 줍던데…" 등 직원의 인간성과 관련되는 행동에 주목하면 칭찬할 만한 행동을 하나는 발견할 수 있습니다.

부족한 부분이 눈에 많이 띈다는 것은 실적도 부진한 경우가 대부분입니다. 기획서나 제안서에도 실수가 많고 거래처에 영업 제안도 여의치 않습니다. 그런 상황에서 억지로 일에 관계되는 칭찬거리를 찾으려 해도 어딘가에는 거짓말이 들어갑니다. 그렇다면 차라리 일에서 벗어나 인간 그 자체를 칭찬하는 것이 낫습니다.

적절한 타이밍에 사실에 입각하여 칭찬하라

리더가 직접 부하직원의 행동을 일일이 관찰하지 않더라도 다른 직원들로부터 그 직원이 이런 좋은 일을 하고 있다는 정보가 들어올 수도 있습니다. "휴게실 시계가 멈춘 것을 아무도 눈치 채지 못했는데, 그 직원이 배터리를 갈더라고요" 또는 "갑자기 사무실에 큰 거미가 나타났는데 그 직원이 앞장서서 거미를 잡아서 밖으로 내보냈어요"라는 이야기를 듣게 된다면 그때가 바로 칭찬할 기회입니다. 즉석에서 칭찬해야 합니다.

칭찬의 요령은 즉시 사실에 근거해 칭찬합니다. 즉시라는 것은 직접 본 경우에는 본 그 순간, 다른 사람에게 이야기를 들은 경우에는 이야기를 듣자마자 칭찬하라는 의미입니다. "2주일 전에 사무실 바닥의 쓰레기를 주웠더군"은 너무 늦고, "지난주에 휴게실의 시계 배터리를 잘 갈아주었다고 어느 직원이 칭찬했어"라고 해도 너무 늦습니다.

인간으로서 좋은 행동을 한 바로 그 순간에 칭찬합니다. 계속 하다 보면 자연스럽게 부하직원을 칭찬하는 습관이 몸에 배게 될 것입니다.

12.

상사로서 직원들의 업무 내용을 어디까지 파악해 두어야 하나요?

당신이 리더로서 직원 관리를 하는 데 있어 가져야 할 관점은 2가지, 위기관리와 직원 육성입니다.

위기관리의 관점에서 통제하라

우선은 위기관리의 관점에서 살펴보겠습니다. 중요한 것은 '구분'입니다. 알아서 하도록 맡겨둬도 괜찮은 부하직원과 그렇지 않은 부하직원을 구분하고, 그다음에 일을 알아서 하도록 맡기면 안 되는 직원이 하고 있는 일을 '내버려둬도 찰과상 정도에 그칠 일'과 '내버려두면 치명상이 되는 일'로 구분합니다. 특히 내버려두면 치명상이 되는 일만 제대로 파악해두는 것이 중요합니다.

치명상이란 중요한 거래처를 잃을 수 있는 일을 말합니다. 구체적으로는 마감 지연이나 맡은 일을 제대로 수행하지 못하는 경우 등이 해당됩니다. 알아서 하도록 맡길 수 없기 때문에 분명 생각만큼 실적을 내지 못하는 직원일 것입니다. 그런 직원은 눈앞의 프로젝트를 놓치기 싫은 마음에 고객사의 무리한 요구를 그대로 수용해버릴 수도 있습니다.

마감도, 원가도 회사에 확인하지 않고 가능하다고 대답하고 덥석 계약해버리고는 개발팀에 이렇게 해서는 마감을 맞출 수 없다고 되레 호통을 치기도 합니다. 그런데도 어찌됐든 계약을 해버렸기 때문에 시간에 맞추기 위해 회사의 전 역량을 그 일에 투입합니다. 그 결과 돈을 벌기는커녕 큰 적자가 나는 경우도 있습니다. 게다가 마감이 늦어지면 고객사에게 "저희 개발팀이 일을 제대로 못 해서…"라고 핑계를 대며 사과합니다. 이런 식으로는 고객과의 관계는 물론이거니와 사내 관계도 엉망이 되고 맙니다.

상사의 역할은 그러한 사태에 빠지지 않도록 위기관리를 하는 것입니다. 찰과상은 성장을 위해 필요하지만 치명상을 입고 죽게 된다면 성장이고 뭐고 없습니다. 팀 내에 치명상을 입을 위험이 있는 업무는 무엇인가요? 그것만큼은 철저하게 관리해서 다치지 않는 요령을 직원에게 가르쳐주어야 합니다.

▎직원 육성의 관점에서 통제하라

이어서 직원 육성의 관점에서도 살펴보도록 하겠습니다. 어느 회사나 연초의 목표 면담 등을 통해 올해에 성과를 거두기 위해 작년에 부족했던 부분에 힘을 쏟아야 하는데, 뭐가 부족했다고 생각하는지 중점사항을 도출할 것입니다. 리더가 직원 육성의 관점에서 파악해두어야 할 것이 바로 이 부분입니다. 부하직원이 올해에 무엇에 노력해야 하는지 말입니다. 이것만 제대로 파악하면 큰 문제는 없을 것입니다.

다음과 같은 포맷을 만들어서 정리해두면 정리하기 쉬워집니다.

① 좀 더 성장하기를 바라는 부하직원은 누구인가

② 올해 그 직원이 특히 중점적으로 실행하기를 바라는 것

③ ②에 대하여 실행되고 있는 것과 그렇지 않은 것

 이 정보를 잘 관리할 수 있는 리더는 직원이 생각만큼 성과를 내지 못할 때 적절한 타이밍에 효과적인 소통을 취할 수 있습니다. '위기관리'와 '직원 육성'의 양 측면에서 최소한 파악해두지 않으면 안 되는 것들을 빠짐없이 파악해둔다면 당신의 부담도 훨씬 줄어들 것입니다.

13.

실패를 감추려는 직원의 태도를 어떻게 해야 바꿀 수 있을까요?

실수는 성공을 위한 자연스러운 과정

부하직원은 회사나 상사로부터 성과를 낼 것을 요구받습니다. 리더인 당신도 마찬가지죠. 그렇다면 애써 얻은 성과를 강조하고 싶은 것은 인간의 자연스러운 감정이 아닐까요? 실패하면 숨기고 싶은 것도 마찬가지입니다. 부하직원이 "성과를 냈습니다"라고 기뻐하며 우쭐대더라도 싫은 티를 내지 말고 "성과를 냈구나! 잘했어"라고 함께 기뻐해줍시다. 그러고 나서 어떻게 일을 진행하면 이런 성과를 낼 수 있었는지를 인터뷰해서 그 노하우를 공유하도록 하는 것입니다.

"대단해. 어떻게 성과를 냈는지 말해주지 않을래? 아무 고생 없이, 아무런 실수도 없이 쉽게 이런 성과가 나온 것은 아닐 텐데, 자네가 고생하고 고민한 내용을 알려주면 좋겠어. 결과뿐 아니라 결과를 내기까지의 과정도 알고 싶어. 연말에 제대로 평가해주고 싶기도 하고 말이야."

이렇게 물으면 부하직원은 기쁜 마음으로 말해줄 것입니다. 의욕도 더욱 높아질 것이고 직원에게 있어서는 성공 과정의 재확인이 될 수도 있죠. 만약 직원이 성공까지의 여정을 잘 정리해서 말하지 못하더라도 이런 기회를 통해 성과를 내기 위한 과정을 다시 한 번 생각할 수 있는 좋은 계기가 될 것입니다. '성공 케이스 인터뷰'는 직원들을 육성할 수 있는 기회의 보고입니다.

실패한 부하직원의 도전 정신을 칭찬하라

한편 실수하면 질책을 당할 뿐만 아니라 평가에도 악영향을 미칩니다. 그러니 실수를 감추고 싶어 하는 것 또한 자연스러운 감정입니다. 이상하게 생각할 일이 아니죠.

다만 실수를 숨기면 조직의 입장에서 만회하기 위해 신속하게 손을 쓸 수 없게 됩니다. 그래서 실수는 정직하게 있는 그대로 보고할 수 있는 분위기와 문화를 만드는 것이 리더들 모두의 역할입니다.

그러니 이번에는 '실패 케이스 인터뷰'를 해보라고 권하고 싶습니다. 정직하게 실수를 보고해준 부하직원에게 경의를 표하고 실수의 이면에 어떤 도전이 있었는지 들려 달라고 하는 것이죠.

"나는 실패하지 않는 사람은 당연히 성공할 수밖에 없는 무난한 일만 하는 사람이라고 생각해. 하지만 그렇게 쉬운 일에만 매달려 있으면 회사는 살아남을 수 없어. 경쟁사들이 계속 혁신하고 있으니 말이야. 그런 의미에서 자네의 도전은 매우 의미 있는 일이라고 생각해. 그 도전의 이면에 어떤 고민이 있었고, 이번 결과를 통해 무엇을 배웠는지, 다음엔 어떤 도전을 하고 싶은지 말해줄 수 있을까?"

이렇게 다양한 각도에서 직원에게 실패에 대해 기꺼이 말하게 함으로써 실패는 부끄러운 일이 아니라는 분위기가 형성됩니다.

제2장

자신을
연마하라

부하직원에게만 시키거나 의지하지 않고,
리더로서 자신의 일에 몰두하여 성장하기 위해 노력하고 있는가?

14.

직원 관리

꼰대로 보이지 않게 훈계와 조언을 잘하는 방법을 알려주세요.

훈계할 수 없다고 해서 리더로서 실격은 아닙니다. 오히려 훈계를 좋아하는 사람이 더 주의가 필요하죠.

어느 회사에서 일본 각지의 지점장들을 모아 리더 연수를 실시한 적이 있습니다. 교육에 앞서 연수 의도를 설명하려고 단상에 선 이사가 앞에서 두 번째 줄에 앉은 시코쿠지점장을 보자마자 갑자기 화를 내며 질책하기 시작했습니다.

"자네는 4개월 전에 큰 실수를 해서 나한테 그렇게 혼났으면서도 얼마 전에 또 같은 실수를 했지? 도대체 무슨 생각을 하는 거야? 도대체 무슨 낯짝으로 이 자리에 와 있는 거야!"

질책은 10분 정도 계속되었습니다. 그동안 시코쿠지점장은 한 마디도 하지 못하고 그 꾸중을 듣고 있었습니다. 그 임원이 내려가고 나서야 연수가 시작되었습니다. 그러나 동료들의 면전에서 호되게 질책을 받은 시코쿠지점장은 교육에 집중하지 못하고 잠자코 고개를 숙인 채 있었습니다. 저는 그의 상태를 걱정하면서 교육을 이어나갔습니다. 이윽고 휴식 시간이 되어 한숨 돌리게 되자 시코쿠지점장은 동료 지점장들에게 위로를 받으며 머뭇머뭇 말하기 시작했습니다.

"실수를 반복한 것은 분명히 잘못이야. 하지만 우리 지점은 인원을 줄이는 바람에 업무가 늘어나 모두 휴일을 반납한 채 일하고 있는 데다 매일 밤늦게까지 야근이 계속돼 다들 진이 빠진 상태라고. 오늘 연수에서 이사님을 뵙게 되면 현장의 어려움을 직접 말씀드리고 실수를 방지하기 위한 근본적인 대책을 세워 달라고 부탁하려고 했는데… 그런데 그러기도 전에 저리 호통을 치시니, 난 이제 그와 이야기할 기력이 없어. 제대로 호소도 한 번 해보지 못하고 직원들에게 미안하네…."

울먹이는 시코쿠지점장의 말을 듣고 주위 지점장들도 안타까워하며 말했습니다.

"사실 우리 지점도 마찬가지야. 언제 자네가 있는 곳과 같은 사고가 터질지 몰라…."

임원의 훈계는 지점장들의 의욕을 꺾었을 뿐만 아니라 전국의 지점에서 일어나고 있지만 아직 임원진이 파악하지 못한 커다란 문제를 인식할 수 있는 기회조차 무산시켰습니다.

부하직원의 실수를 질책하고 "죄송합니다"라는 말을 듣는 것은 간단한 일입니다. 하지만 그건 리더의 일이 아닙니다. 그가 고민해야 할 것은 두 번째, 세 번째 실수가 일어나지 않도록 손을 쓰는 것입니다. 그러기 위해서는 눈에 보이는 문제의 내면에 있는, 아직 표면화되지 않은 근본적인 문제를 파악할 필요가 있습니다.

앞의 예에서 보자면 인원이 줄어 업무가 늘어나는 바람에 전원 휴일도 반납하고 일하고 있는 데다 매일 밤늦게까지 야근이 계속되어 진이 빠질 대로 빠진 상태라는 사실과 다른 지점에서도 같은 상황에 처해 있다는 사실이 바로 그날 임원진이 파악했어야 할 상황입니다.

훈계를 잘 못하는 당신에게

그런데 훈계를 잘하지 못하는 당신에게는 표면적인 사실에 휘둘리지 않고 근본적인 문제를 조심스럽게 가려낼 수 있는 소질이 있다는 것입니다. 예를 들어 팔리지 않은 상품이 매장에 방치되어 있는 상황이 있다고 합시다. 훈계를 좋아하는 리더라면 "팔리지 않은 상품을 방치하지 말라고 했는데, 아직도 매장에 있잖아! 몇 번이나 말해야 알아들어!"라고 곧장 격앙된 목소리를 낼 것입니다.

하지만 당신이라면 "왜 팔리지 않은 상품이 매장에 계속 남아 있는 거야?"라고 냉정하게 묻고 근본적인 문제를 검증할 수 있을 것입니다. 그러면 팔리지 않은 상품에 대한 정의가 팀원 모두에게 공유되어 있지 않는 등의 팔리지 않은 상품이 매장에 그대로 방치되어 있는 진정한 원인에 도달할 수 있습니다. 훈계가 필요하다고 생각되는 상황에서 당신이 해야 할 일은 그것을 사람의 문제로 돌리는 것이 아니라 관리의 문제로 인식하여 문제가 무엇인지 직원들의 이야기를 들으면서 밝혀내는 것이죠.

15.

무서운 상사 밑에서 직원들이 성장한다는 제 사고방식이 낡은 건가요?

'상사가 엄할수록 직원들이 성장한다.'

아쉽게도 이건 착각입니다. 상사가 꾸짖으면 부하직원은 아마 당연히 "죄송합니다! 시정하겠습니다! 열심히 하겠습니다"라고 대답할 것입니다. 사람은 꾸짖음을 들으면 일시적으로 각성을 하기 때문입니다. 하지만 이런 모습을 보고 무서운 상사가 직원의 좋지 않은 부분을 교정해 계속 성장하도록 돕는다고 착각하기 쉽습니다.

하지만 실제로는 이런 상사 밑에서는 부하직원이 성장하지 못합니다. 직원들의 각성은 일시적인 것으로 반드시 원래대로 돌아갑니다. 그래서 또 야단을 맞고 또 일시적으로 각성을 합니다. 즉 상사와 부하직원 모두 같은 곳을 맴돌고 있을 뿐입니다. 그렇다면 자상한 상사의 밑에서 직원들이 더 잘 성장한다는 말일까요? 꼭 그렇지도 않습니다. 목표 미달이 몇 년이고 계속되어도 상사라는 사람이 "괜찮아, 괜찮아"라는 식으로 감싸기만 한다면 직원의 성장을 기대하기는 어려울 것입니다.

평상시 엄했던 상사의 연말 인사평가는?

어느 부동산회사의 팀장은 직원들을 사실 기준으로 엄격하게 관리합니다. 연초 면담에서 직원과 함께 합의한 올해의 목표를 바탕으로 순조롭게 실행하고 있는지, 순조롭지 않다면 무엇이 문제인지, 앞으로 어떻게 하면 좋을지 등 세세하게 확인합니다. 부하직원이 하겠다고 한 일을 정말 하고 있는지도 꼼꼼히 확인하죠.

객관적으로 보면 그는 꽤 세밀하고 엄한 상사라고 할 수 있습니다. 변명이나 속임수도 통하지 않기 때문에 직원은 그런 상사를 무섭게 느끼고 있을지도 모릅니다. 그 증거가 연말에 실시하는 면담입니다. 부하직원들은 모두 자기평가를 5단계 중 '1'이나 '2'로 줍니다. 평상시에 상사에게 세세하게 지적을 받았으니 분명히 좋은 평가를 받지 못할 거라고 생각하기 때문이죠. 그러나 그런 직원들의 자기평가에 반해 상사의 평가는 '3', '4', '5'가 이어집니다. 직원들은 황당합니다.

사실 이 상사는 직원에게 이런 말을 하고 있는 것입니다.

"연말 인사고과 시즌이 되어서야 열심히 하는 일이 없도록 평소에도 열심히 하길 바라는 마음에서 엄하게, 세세하게 지적했어. 모두들 잘 따라주었네. 고마워."

직원들이 스스로 설정한 목표를 달성하기 위해서는 무섭고 엄하게, 하지만 일이 잘 안 풀려 면담하러 왔을 때나 목표를 달성해낼 때는 상냥하고 부드럽게 대했습니다. 그는 엄격함과 부드러움을 효과적으로 구분했습니다.

그런데 지금 대부분의 리더가 이와는 반대로 하고 있습니다. 평소에는 직원들이 무엇을 하든 "좋아", "잘하고 있어"라고 치켜세우면서 자상한 상사인 척하다가 연말의 평가 때는 바로 안색을 바꿔 "자네, 이거 못했지? 그래서 평가는 '2'야"라고 무서운 얼굴로 사실을 추궁합니다. 부하직원의 입장에서 보면 평상시에 못하고 있었으면 미리 말해주거나 지적해주면 좋았을 텐데 하는 생각에 상사에 대해 불신을 가지게 됩니다.

　연초, 연말의 관계 이상으로 중요한 것이 평상시입니다. 연초에 목표를 정하고 연말에 그것을 달성했는지를 평가하는 것뿐이라면 리더는 필요 없습니다. 그 중간 과정에 어떻게 자상함과 엄격함을 구분하면서 부하직원과 관계하는지가 중요합니다.

▌만약 무서운 상사인 척 연기하는 것이라면

무서운 상사로서 직원들을 대할 때 주의해야 할 사항이 있습니다. "그렇게 말하는 너는 어떤데?"라고 파고들 수 있는 허점을 직원들에게 보여서는 안 되는 것입니다. 스스로도 높은 목표를 향해 행동하는 리더가 직원들을 무섭고 엄격하게 대하는 것은 효과적이지만, 자신은 게으름을 피우는 주제에 직원에게만 엄격하고 무섭게 대하는 것은 남에게만 엄격하고 자신에게는 관대한 사람이라는 인상을 주기 쉽습니다. 당연히 이런 모습은 권위가 살지 않고 반발을 불러일으킬 수 있습니다. 상사의 엄격함이 효과적으로 발휘되기 위해서는 스스로를 다스리고 향상시키려는 자세를 보여야 합니다.

16.

실무도 하다 보니 직원을 관리할 시간이 없는데, 어떻게 해야 시간을 낼 수 있을까요?

실무를 하는 리더에는 두 가지 타입이 있습니다. 하나는 리더에게도 관리해야 할 고객사나 업무량이 부과되어 있어서 자신의 일을 해내면서 동시에 팀원 관리도 겸하는 형태입니다. 또 하나는 리더가 팀원이 담당하는 고객사나 업무를 모두 장악한 상황에서 평상시에는 후방에 대기하고 있다가 필요하면 앞에 나서서 일을 해내야 하는 형태입니다.

일본 회사는 전자의 형태가 압도적 다수를 차지합니다. 그렇기 때문에 전자의 경우로 좁혀서 팀원 관리를 위해 시간을 내는 방법을 이야기해보겠습니다.

당신의 시간이 부족한 이유

예를 들어 어떤 부하직원이 실무자로서 10이라는 목표 중 3밖에 달성하지 못했다고 해봅시다. 많은 리더들은 그의 영업 현장에 동행해서 어떻게 영업을 하는지 이것저것 체크한 후 앞으로 이렇게 하라고 지도합니다. 그러나 리더 자신도 고객이 있고 목표 할당량을 달성하지 않으면 안 되기 때문에 직원을 밀착 지도하기에는 시간이 아무리 많아도 부족합니다. 당신도 이런 식으로 바빠서 직원 관리를 할 시간이 없는 상황에 빠진 것이 아닐까요? 역발상을 해보죠. 당신의 영업 현장에 부하직원을 동행하도록 하는 것입니다.

자신의 전쟁터에서 부하직원을 키운다

자신의 영업에 부하직원을 동행시키면 자신의 시간을 줄이지 않고 직원을 성장시킬 수 있습니다. 리더의 고객을 만나기 전 부하직원에게는 미리 고객 미팅에서 일정한 역할을 부여해줍니다. 그리고 실제 미팅에서 이를 능숙하게 잘하면 칭찬을 해주고, 다음에는 직원 자신의 고객 미팅에서 실력을 발휘해보라고 격려해줍니다. 작은 성공 체험을 '리더의 전쟁터'에서 '리더의 보호' 아래서 쌓게 해주는 것이죠.

직원의 영업 현장에 동행하면 아직은 큰 성과를 내지 못하고 있기 때문에 그가 고객사와 어떤 관계를 맺고 있을지 걱정될 것입니다. 기껏 시간을 내서 동행해도 지도할 만한 단계까지 나아가지 않았을 가능성도 있습니다.

한편 리더의 미팅에서는 고객과의 관계도 공고히 맺어져 있고, 이야기가 어디까지 진행되어 있는지를 다 파악하고 있습니다. 그 속에서 직원이 하지 못한 경험을 쌓게 해주면 리더의 시간을 희생하지 않고도 성장을 촉진할 수 있죠. 직원의 시간을 뺏게 되어 부담이 될지도 모르지만 아직은 큰 성과를 발휘하지 못하는 상황인 만큼 실보다는 득이 많을 것입니다. 또한 직원 육성에 고객의 협력을 얻을 수 있다는 이점도 있습니다.

"모레 미팅 자리에 제 부하를 동행해도 될까요? 그에게 미팅 경험을 쌓게 하고 싶어서요. 그가 상품 설명을 할 예정입니다. 부족한 부분이 있다면 제가 다시 설명해드리겠습니다. 설명을 듣고 이해하기 어려운 점이 있다면 부담 없이 지적해주십시오."

이렇게 미리 부탁해두면 고객이 직원에게 직접 지도를 해줄 수도 있습니다. 고객의 직접 지도는 상사의 지도보다 훨씬 더 큰 효과가 있을 것입니다. 당신의 시간을 너무 빼앗기지 않고도 직원들을 실전 형식으로 육성하는 것이 좋습니다. '자신의 전쟁터'에 직원을 참여시키는 육성법은 장점이 많습니다.

17.

리더들의 바쁜 모습 때문
인지 리더가 되고 싶어 하
는 직원들이 없는데, 어떻
게 해야 좋은 롤모델이 될
수 있을까요?

당신은 질문 속에서 젊은 직원들이 리더가 되고 싶어 하지 않는 것은 선배들이 늘 업무로 바쁜 나날을 보내고 있는 모습을 그들이 보고 있기 때문이라고 자체 분석하고 있습니다. 바쁘게 일하는 그 모습이 '저렇게는 되고 싶지 않다'고 생각하는 대상이 되었다니 굉장히 애처롭다는 마음이 듭니다.

하고 싶은 일에 둘러싸여 바쁜 것은 기분 좋은 일입니다. 그러나 하지 않으면 안 되는 일에 둘러싸여 바쁜 것은 괴로운 법이죠. 할 수 있다면 하고 싶은 일을 하는 것이 좋지만 회사에서 일하는 이상 아무래도 하지 않으면 안 되는 일이 많아지기 마련입니다.

당신은 그 모든 것을 혼자서 끌어안고 있지는 않나요? 그 때문에 바쁜 것은 아닌가요? 그리고 '리더란 원래 이런 거야'라고 포기하고 있지는 않은가요?

3가지 질문에 답해보라

어느 기업에서 전국의 모든 직원을 대상으로 정신 건강 조사를 실시했습니다. 질문은 다음의 3가지였습니다.

① 상사나 동료에게 자신이 생각하는 것을 부담 없이 이야기할 수 있습니까?

② 상사나 동료에게 업무뿐 아니라 개인적인 내용에 대한 상의도 할 수 있습니까?

③ 자신이 곤란할 때 상사나 동료에게 의지할 수 있습니까?

어느 영업점에서는 대부분의 직원이 모든 질문에 "아니오"라고 대답했습니다. 이를 분석·자문한 전문의는 언제 정신질환을 앓는 사람이 나온다고 해도 이상하지 않은 상태라고 진단했죠.

한편 다른 영업점에서는 대부분의 직원이 모든 질문에 "네"라고 대답했습니다. 이 영업점은 확실히 활기가 넘치고 실적도 호조를 보이고 있었습니다. 그런데 여기서 반드시 언급해야 할 것은 두 영업점의 업무량에 차이가 없다는 점입니다.

그런데 왜 직원들의 정신 건강과 실적에 이렇게 차이가 나는 걸까요? 답은 ①~③의 질문에 집약되어 있습니다. 앞서 언급한 영업점에서는 서로 상의할 수 없는 분위기가 만연해 있어 모두가 고독하게 일을 하고 있고, 업무에 차질이 생겨도 혼자서 떠안고 해결하려 하고 있기 때문에 효율이 떨어져 야근이 증가하는 것입니다. 모두가 '불필요한 바쁨'에 쫓기고 있었던 것이죠. 반면 서로 도와가며 문제를 해결하는 분위기가 조성되어 있는 후자의 영업점은 모든 직원이 활기차게 일하기 때문에 좋은 실적을 유지할 수 있습니다.

불필요하게 바쁘지 않으려면?

불필요하게 바쁜 건 직장에서 고독하기 때문입니다. 직장을 그런 상황에 빠뜨리고 스스로도 쓸데없이 바쁘기만 한 리더는 누구도 동경하지 않습니다. 직장의 고독을 없애려면 서로 곤란한 일을 함께 상의

하고 공유할 수 있는 소통의 활성화가 필수적입니다. 그러기 위해서는 리더 스스로가 적극적으로 직원들에게 곤란한 일을 겪고 있다는 사실을 알리고 함께 상의해서 모든 직원들이 자신도 곤란한 일이 생겼을 때 상의하면 되겠다고 생각하게 만들어야 합니다. 당신의 행동으로 직장에서 어떤 일이든 서로 의논하기 쉬운 분위기를 만들어야 합니다.

미소와 인사의 힘을 빌려라

행동으로 분위기를 바꾸기는 어렵다고 느낄 수 있습니다. 그럴 때는 우선 미소와 인사부터 실천해봅시다. 제가 리더 연수 때 만났던 어느 식품회사의 지점장은 '미스터 스마일'이라는 닉네임이 딱 어울리는 사람이었습니다. 정말 무슨 일이 있어도 항상 싱글벙글한 얼굴이었습니다. 저는 그 모습이 신기해 "항상 웃는 얼굴이신데, 고민 같은 것은 없습니까?"라고 물었더니, 여전히 싱글벙글한 얼굴로 웃으면서 "없을 리가 없지요"라고 대답했습니다.

웃는 얼굴에는 상대방이 가슴에 품고 있는 부정적인 감정을 완화하는 힘이 있습니다. '위에서 시킨 일이 귀찮아. 하고 싶지 않아', '목표를 달성하라니, 어차피 불가능해'라는 분위기가 만연한 직장에서도 리더가 솔선해 항상 웃는 모습을 보이면 직장 내 부정적인 감정이 어느 정도 완화될 수 있습니다. 이런 일이 실제로 일어납니다. 비단 직장에서만 도움이 되는 건 아닙니다. 삶에도 긍정적인 변화를 줄 것입니다. 미소를 지어봅시다.

또한 인사도 무시할 수 없습니다. 저는 직장인 시절 누구보다도 밝게 먼저 인사하려고 노력했습니다. 그 습관은 리더가 된 후에도, 독립한 지금도 바뀌지 않았습니다.

"안녕하세요? 오늘도 힘찬 월요일! 이번 주도 함께 일할 수 있어서 즐겁네!"

과장이 아니라 이 정도의 반가움으로 매일 아침 인사를 했습니다. 분명 꽤 성가신 리더라고 느꼈던 사람도 있었을 것입니다. 하지만 이 사람은 리더로서 지금 하는 일을 즐기고 있다는 인상도 줄 수 있었다고 자부합니다. 밝은 미소와 건강한 인사, 당장 내일 아침부터 시작해보세요.

18.

어떻게 해야 직원들이 저를 신뢰하고 소통하게 될까요?

80퍼센트의 상사는 부하직원의 고민을 모른다

비즈니스 스쿨 수업에서 부하직원이 지금 고민하는 것이 무엇인지, 구체적으로 써 달라는 과제를 내곤 합니다. 물론 제대로 쓰는 리더는 거의 없습니다. 제가 강사로 일하기 시작하면서 그동안 몇 백 번, 아니 몇 천 번 이 질문을 했지만 제대로 작성하는 사람은 전체의 20퍼센트도 되지 않습니다.

당신은 부하직원이 직장에서 무엇을 고민하는지 혹시 알고 있나요? 상사가 직원의 모든 것을 파악할 수는 없을 것입니다. 그럼에도 불구하고 직원의 고민을 알고 술술 적을 수 있는 사람들의 공통점은 무엇일까요? 그것은 부하직원에게 자신의 이야기를 하는 시간보다 몇 배의 시간을 투자해서 직원의 이야기를 듣는 것입니다. 소통에 고도의 테크닉 같은 건 필요 없습니다. 상대의 신뢰를 얻고 싶다면 자신의 이야기를 하는 걸 참고, 상대의 이야기를 차분히 들어줘야 합니다. 상대방이 무엇을 느끼고, 무엇을 생각하고, 무엇을 고민하고 있는지 진지하게 관심을 갖고 물어보는 것이죠.

진지하게 관심을 갖으라는 건 상대가 관심을 가지고 있는 일에 함께 관심을 기울이는 것을 의미합니다. SNS의 댓글을 들여다보면 진지한 관심을 가진 사람과 남의 포스팅에서 자기 이야기를 하고 싶을 뿐인 사람의 차이를 확연히 알 수 있습니다. "개를 키우기 시작했습니다!"라는 글에 "와, 귀여운 강아지군요! 눈망울이 주인과 똑같아요!"라고 쓴 사람은 개와 주인에게 진지하게 관심을 가진 사람입니다. 한편

"저도 개 두 마리 키우거든요. 오른쪽이 '코코'고 왼쪽이 '뭉치'. 코코가 얼마나 영리한지…"라며 사진까지 첨부해가며 장황하게 코멘트를 하는 사람은 자기 이야기만 하고 싶은 사람입니다. 누구와 더 이야기하고 싶어질까요? 두 말 할 필요도 없을 것입니다.

진지하게 관심을 갖고 이야기를 들어라

어느 제약회사의 영업직원이 지점장과 함께 드러그 스토어의 지역 책임자에게 프레젠테이션을 하기 위해 방문했습니다. 영업직원은 자사 상품의 특징을 열심히 설명했지만, 상대 지역 책임자는 전혀 관심을 보이지 않았습니다. 무슨 말을 해도 건성으로 듣고 빨리 이 시간이 끝나기 바라는 마음이 엿보였습니다.

그래서 지점장이 도움을 주기 위해 나섰습니다. "오늘은 인사와 함께 배울 수 있을까 해서 찾아뵈었습니다. 귀사가 중요하게 여기는 것이 무엇인지 꼭 들려주십시오"라고 말을 꺼내면서 분위기를 상대방이 이야기를 할 수 있도록 바꿔놓았죠. 그러자 책임자의 표정이 바로 바뀌었습니다. 그때부터 2시간 동안 계속 이야기를 했습니다. 이야기가 끝나자 지점장은 "오늘 정말 많은 공부가 됐습니다. 귀사가 소중히 여기는 것을 저희도 소중히 여기고, 최대한 힘껏 협력할 수 있도록 하겠습니다"라고 마무리했습니다. 그러자 책임자 쪽에서 만면에 미소를 띠면서 악수를 청하는 것입니다. 부하직원은 자신이 일방적으로 설명하고 있을 때와는 분위기가 너무 달라져서 당황했습니다.

제약회사 지점장과 부하직원이 돌아간 뒤에도 그 책임자는 자신의 직원들에게 이 회사 지점장이 대단한 사람이라며 칭찬을 했다고 합니다. 지점장이 한 말이라고는 두 마디뿐이었는데 말이죠.

상대방이 우리의 이야기에 흥미를 가지고 있지 않다면 상대방이 가장 흥미 있는 자신의 이야기를 할 수 있도록 유도해봅시다. 이것만으로도 신뢰관계를 반드시 돈독히 할 수 있습니다. 당신이 소통하고 싶은 상사를 목표로 한다면 우선은 자신의 이야기를 하고 싶은 욕심부터 내려놓는 것은 어떨까요?

19.

직원과의 관계

어떻게 해야 저보다 나이 많은 직원과 앙금 없는 소통이 가능할까요?

키워야 할 것은 목청이 아니다

이건 제가 컨설팅을 하고 있는 어느 식품회사 영업소장의 고민입니다. 연상의 부하직원으로부터 올라오는 업무일지를 보면 "진열이 흐트러져 있어서 똑바로 다시 진열했습니다"라든지 "점주가 판촉물을 요구해서 다음에 쓰레기봉투를 갖다 주려고 합니다"라는 식으로 모두 수동적이고 단순 작업에 불과한 업무에 관한 것들이었다고 합니다.

아무리 "좀 더 목적의식을 가지고 질 높은 영업활동을 해주세요"라고 지도해도 전혀 업무 내용이 달라지지 않았습니다. 이로 인해 고민이 깊어진 영업소장은 제게 "지금까지는 나이가 많아서 배려를 했지만, 이제부터라도 슬슬 세게 나가지 않으면 안 될 것 같아요"라고 말했습니다. 저는 영업소장에게 물었습니다.

"만약 강하게 말한다면 뭐라고 말하고 싶습니까?"

영업소장이 대답했습니다.

"명확한 목적의식을 갖고 활동하라고 말하고 싶습니다."

저는 또 물었습니다.

"영업소장님이 말씀하시는 목적의식이란 무엇인가요?"

"목적의식은 목적의식입니다."

"구체적으로 알려주세요."

영업소장은 그가 생각하는 목적의식에 대해 다음과 같이 명확하게 말해주었습니다.

그가 일하는 식품업체는 편의점이 가장 중요한 고객입니다. 매장

하나하나 각각 다른 고객의 요구에 응하는 것이 영업활동의 큰 목적이죠. 그는 연상의 부하직원에게 '고객의 니즈를 생각하면서 영업활동을 하라'라고 말하고 싶었던 것입니다. 예를 들면 고객사 중 하나인 어느 편의점회사는 가장 중요하게 여기는 4가지 원칙으로 '상품 구색', '신선도 관리', '청결', '친절한 서비스'를 내걸고 있습니다. 크게 말하자면 이러한 고객의 가치에 맞는 상품 제안을 하라는 거죠.

게다가 같은 편의점 체인이라고 해도 모든 점포의 상품 구색이 같은 것은 아닙니다. 점장이나 오너의 생각에 따라 달라지게 마련이죠. 그 때문에 식품회사 영업직원에게는 점포마다 다른 상품 구색의 방침을 확인하고 그것에 맞는 제안 능력이 필요한 것입니다. 이것이 영업소장이 말하는 '목적의식'이었습니다.

키워야 할 것은 '질문하는 힘'

영업소장이 말하는 목적의식을 들은 저는 그에게 물었습니다.

"연상의 부하인 영업직원에게 '오늘 방문할 편의점의 상품 구색 방침과 당신이 제안할 내용을 알려달라'고 구체적으로 물은 적이 있습니까?"

"… 없습니다"라고 영업소장은 대답했습니다.

영업소장은 연상의 부하직원에게 목적의식을 갖고 활동하라고 했지만 그가 영업소장의 기대에 어긋나는 행동을 반복하고 있다고 푸념을 늘어놓았습니다. 그리고 이번에는 좀 더 강한 어조로 목적의식을 가지고 행동하라고 말해야겠다며 전의를 불태웁니다. 이것이 과연 생산적인 소통이라고 할 수 있을까요?

리더가 해야 할 일은 제대로 하라, 똑바로 하라고 목청을 높이는 것이 아닙니다. 목적의식을 갖게 하고 싶다면 그런 결과를 가져올 수 있는 효과적인 질문을 할 필요가 있습니다.

"오늘 방문할 편의점의 상품 구색 방침을 알고 있습니까?"

"아니요, 잘 모르겠습니다."

"그래요? 그럼 그 편의점 점주가 취급하는 상품을 줄이고 싶어 하나요? 아니면 늘리고 싶어 하나요? 그에 따라 제안 내용도 달라지겠죠. 오늘은 다른 건 놔두고 우선 상품 구색에 대한 점주의 방침을 확인해보세요."

"알겠습니다."

이후 부하직원이 상품 구색의 방침을 확인했다면 이에 대해서도 적절한 질문으로 확인할 수 있어야 합니다.

"수고했어요. 상품 구색에 대한 방침은 어땠어요?"

"고객의 니즈에 맞는 상품을 갖추고 싶다고 했습니다."

"고객의 니즈에 맞는 상품은 어떤 걸 말하는 거죠?"

"최소한 한 달에 20개 이상은 팔리는 상품이라고 하네요."

"그렇군요. 잘 확인했어요. 그럼 우리 상품 중에 한 달에 20개 이상 팔릴 것 같은데 아직 그 매장이 취급하지 않은 상품이 있나요?"

"3개 품목이 있습니다."

"그럼 그 3개 품목을 추가할 수 있다면 매출을 늘릴 기회가 되겠네요."

이렇게 효과적인 질문을 할 수 있다면 군이 목을 힘을 주고 목청을 높일 필요가 없어집니다. '전달'이라는 말은 '전하다'라는 의미의 글자와 '도달하다'라는 의미의 글자로 이루어졌습니다. 감정이 앞서서 그저 하고 싶은 말을 내뱉는 것이라면 전하고 싶은 내용이 더욱더 도달하기 어려워집니다. 강하게 말해야 한다고 생각할 때일수록 세부적으로 내용을 쪼개서 묻는 질문의 힘을 키워야 합니다. 부하직원이 연상인지, 연하인지는 관계없이 친절하게 알아들을 수 있도록 질문하는 것이 사람을 움직이는 요령입니다.

20.

어떻게 해야 직원들이 조직의 룰에 반발하지 않고 잘 따를 수 있을까요?

반발이 생기는 4가지 원인

조직의 규칙이나 규율을 지키게 하려고 지도하면 반발하는 경우가 있습니다. 모든 직장에서 비슷한 일이 일어나고 있죠. 우선 생각해 보았으면 하는 것이 '왜 반발이 생기는가'입니다. 단순히 조직의 룰을 지키고 싶지 않다는 이유로 반발하는 경우는 매우 적으며, 그 이유를 직원들의 '본심'을 감안하면 크게 다음의 4가지로 나눌 수 있습니다.

① 상사도 조직의 규칙이나 규율을 지키지 않는다.

"자기가 할 수 없는 것을 남에게 시키지 마세요."

"당신에게는 그런 말을 듣고 싶지 않아요."

② 평상시 아무런 소통도 하지 않다가 마음에 안 드는 일이 있을 때만 메일로 지시한다.

"먼저 얼굴을 마주보고 이야기하세요."

"메일로만 전달하지 마세요."

③ 지금까지는 보고도 못 본 척 지나쳤던 일을 갑자기 지적한다.

"안 되면 안 된다고 좀 더 빨리 말해줘요."

"갑자기 엄격해진 것은 위에서 엄하게 지도하라고 했기 때문일 거야. 결국 자신을 보호하기 위한 지적인 거지."

④ 부하가 처한 상황의 배경을 이해하려 하지 않는다.

"나도 여러 가지 사정이 있어요. 알지도 못하면서 자기가 생각날 때만 지시하지 말아요."

특히 많은 것이 ④에 의한 반발입니다. 성과를 내려고 안간힘을 쓰는 직원들도 때로는 조직의 규칙이나 규율을 어길 수 있습니다. 그럴 때 그 배경을 이해하려고 하지 않고 갑자기 지적을 하면 반발을 사기 쉽습니다.

업무일지를 제때 쓰지 않는 영업직원이 반발한 이유

한 회사에서 일어난 반발 사례는 겉으로 보기에는 아주 단순한 것이었습니다. 그러나 그 반발의 원인에는 ④에 ①이나 더해진, 복잡한 배경이 있었습니다.

업무일지를 매일 올리지 않고 주말에 일주일 치를 한꺼번에 올리는 영업직원이 있었습니다. 물론 직장 규칙에는 매일 올려야 한다고 되어 있죠. 주말에 일주일 치를 한꺼번에 쓰면 고객과 주고받은 내용에 대한 기억이 흐려져서 중요한 정보가 빠질지도 모릅니다.

그리고 업무일지를 매일 올리면 영업직원 개개인의 애로나 고민을 상사가 적절하게 대응할 수도 있습니다. 영업활동을 원활하게 하기 위해서는 업무일지를 매일 제출하는 것이 필요했던 것입니다. 하지만 이 영업직원은 주말에 일주일 치를 한꺼번에 제출했습니다. 영업소장은 참다못해 업무일지를 매일 올리라고 지도했습니다. 영업직원은 반발했습니다.

"저는 사무실에서 사내 편의를 위한 업무일지를 만들기보다는 밖에서 시장에서 활동할 시간을 많이 가지려고 하고 있습니다. 업무일 지는 단순한 사후보고 아닌가요? 당일에 작성하든 주말에 한꺼번에 작성하든 마찬가지 아닌가요? 차라리 주말에 한꺼번에 작성하는 게 효율적입니다.”

단순히 칠칠치 못해서 그런 것이 아니었습니다. 영업활동에 많은 시간을 할애하고 싶었기 때문에 업무일지 제출이 늦어졌던 것이죠. 그래서 영업직원이 반발한 것입니다.

뜬금없이 ‘업무일지를 매일 제출하라’가 아니라 ‘업무일지를 매일 제출하지 못하는 사정이 있는가’를 확인하는 자세로 접근했다면 막을 수 있었던 충돌입니다. 하지만 이야기는 여기서 끝나지 않았습니다.

리더의 태만이 원인이었다

영업소장은 “알겠네. 내가 몰라서 미안했네. 다만 업무일지는 매일 제출해주길 바라네. 업무일지의 역할은 보고만이 아니라네. 업무일지 를 매일 작성함으로써 영업직원 개개인의 애로나 고민에 상사가 적절 하게 대응하도록 하는 역할도 있는 것이야”라고 하자 부하직원은 더 욱 반발했습니다.

“하지만 전에 제가 영업일지에 애로사항을 적고 협조를 요청했지 만 소장님은 아무것도 해주지 않았습니다. ‘무슨 일이지? 내가 한 번 같이 가줄까’라는 말 한마디 없었습니다. 그래서 저는 ‘업무일지는 단순한 사후 보고구나. 매일 제출하든 주말에 한꺼번에 제출하든 똑같네'라고 생각해서 주말에 제출하기로 한 것입니다."

부하직원이 업무일지를 매일 제출하지 않게 된 진짜 원인은 영업소장이 업무일지의 목적에 걸맞는 행동을 하지 않았기 때문이었습니다. 리더는 구성원이 조직의 규칙이나 규율을 지키게 해야 합니다. 굉장히 힘든 입장이죠. 하지만 반발이 생기는 4가지 원인을 잘 생각해보고 솔선수범하면서 지도한다면 직원들로부터 반발을 사지 않을 수 있습니다.

'나는 어떠한가?' 한 번 시간을 내서 천천히 자문자답을 해보세요.

21.

직장 내 괴롭힘으로 신고 당할까 봐 말 한마디가 조심스러운데, 어떻게 해야 상처 주지 않고 조언을 잘 할 수 있을까요?

→ 직장에서의 다양한 괴롭힘에 대해 세간의 시선이 엄격해
짐에 따라 회사에서도 대책이 강화되고 있습니다. 그렇다
고 부하직원으로부터 '갑질'이라고 신고당할 것을 필요 이상으로 두
려워하여 그저 상황을 방치하면 리더로서 실격이 아닐까 싶습니다.

다만 괴롭힘은 아무래도 당하는 쪽의 주관에 의해 결정되는 경향
이 크기 때문에 '잘돼라는 생각에 지도했는데 상대는 직장 내 괴롭힘
으로 받아들였다. 왠지 내가 나쁜 놈이 돼버린 것 같다'라는 이야기도
자주 들립니다.

메모가 효과적이다

어느 보험회사의 영업소장 앞으로 본사의 윤리팀에서 한 통의 통
지가 도착했습니다.

"여쭈어볼 것이 있습니다. 시간을 낼 수 있는 날짜를 알려주세요."

영업소장은 무슨 일인가 싶으면서도 가능한 날을 가르쳐주었고 약
속 당일에는 윤리팀 담당 직원 3명이 영업소를 찾았습니다. 들어보니
영업소장으로부터 갑질을 당했다는 호소가 들어왔다는 것이었습니
다. 이에 대한 사실 확인을 부탁한다는 것이었죠.

갑질이라는 말이 당황스럽고 그런 행동에 대한 기억조차 없는 영
업소장은 깜짝 놀랐습니다. 그러나 그때부터 마치 영업소장을 악인으
로 단정하는 듯한 '조사'가 시작되었습니다.

"영업소장님은 지금까지 목소리를 높여 부하직원을 질책한 적이 있습니까?"

"직원이 업무에 태만했기 때문에 질책한 적은 있었지만 감정 조절을 못하고 언성을 높인 적은 없습니다."

"정말로 과거에 한 번도 없었습니까?"

한 사람이 차례차례 질문을 계속하고 다른 2명은 질의응답의 내용을 기록했습니다. 엄청난 공포체험이었다고 합니다. 그 이야기를 들은 다른 영업소장이 신고하는 직원을 대처하는 자기만의 노하우를 가르쳐주었습니다.

그 대처법은 사실에 근거한 대화와 행동을 기록으로 남기는 것이었습니다. 예를 들어 고객사를 방문하지 않았는데도 '방문했다'고 허위로 업무일지를 제출한 직원이 있다고 해봅시다. 그 부하직원과 면담할 때는 언성을 높여 꾸짖지 않고 "얼마 전 고객사를 만났는데, 담당자가 자네를 1개월 이상이나 만나지 못했다고 하네. 지난주에 방문했다고 쓴 일지는 잘못 쓴 건가?"라고 사실을 확인하는 자세로 물어보는 것입니다. 만약 부하직원이 침묵으로 일관한다면 계속해서 추궁하지 말고, "앞으로는 일지에 고객사를 만나 주고받은 대화 내용을 간단하게 적어주게. 그러면 내가 혼자서 고객사를 만났을 때 문제가 생기지 않을 테니까. 나는 모두와의 대화도 잊지 않도록 메모하는데, 오늘 대화는 이 내용이 맞지?"라고 서로 확인하면서 냉정하고도 차분하게 지도하고 그 내용을 메모해둡니다.

이 메모는 나중에 혹시 윤리팀의 추궁을 받았을 때에도 반론의 재료가 되기도 합니다. 영업소장이 '메모광'이 된 후에는 신고했던 직원도 그 뜻을 읽었는지 착실하게 일을 하기 시작했다고 합니다. '일방적인 추측'이 아니라 '사실'에 근거해 추궁하기 때문에 이 영업소장을 속일 수가 없다고 판단한 것이겠죠.

사실에 입각하여 대화하고 기록으로 남깁니다. 직원 육성의 기본인 메모만 제대로 해두어도 갑질이라는 혐의로 자신이 나쁜 사람이라는 의심을 받는 리스크를 피할 수 있으며 효과적인 지도를 할 수 있습니다.

제3장

팀을 구축하라

결과만 괜찮다면 된다는 생각으로 각자도생하지 않고,
서로 협력할 수 있는 진정한 팀을 만들고 있는가?

22.

세대 차이를 극복하기 위해 제가 젊은 직원들의 가치관에 맞추는 게 맞을까요?

어느 영업과장에게도 이와 비슷한 고민을 들었습니다.

"팀원들이나 주위 직원들이 바쁠 때는 자발적으로 도와주고 때로는 야근을 해서라도 일을 끝내서 서로 협력할 수 있는 관계를 만들었으면 좋겠다고 생각합니다. 하지만 지금의 젊은 직원들은 아무래도 사생활을 우선하는 경향이 강하다 보니 팀이 바빠도 야근을 싫어해서 정시에 퇴근합니다. 요즘 사회 분위기도 워라밸을 강조하기도 하고요. 어쩔 수 없겠죠? 예전 사고방식을 가진 제가 고쳐야겠죠…."

그러면서 쓴웃음을 지었죠. 사회적으로 바람직한 문화는 지키는 것은 중요하지만 젊은 직원들의 트렌디한 가치관이라고 해서 항상 받아들일 필요는 없다고 생각합니다.

인사 하나로 달라진다

저는 강연이나 연수 등으로 여러 회사에 방문할 기회가 있습니다. 회사마다 복도에서 마주치는 직원들의 응대도 다 가지각색입니다. 어느 회사는 임원부터 젊은 직원들에 이르기까지 하나같이 복도 가운데를 비워주면서 모두가 반갑게 인사해줍니다.

"왜 이 회사는 이렇게 맞아주시나요?"라고 묻자 "모두가 이야기해서 이렇게 하기로 결정했거든요"라고 대답합니다.

한편 복도에서 마주칠 때 제가 인사를 해도 '이 사람 누구지?'라는 눈빛으로 이상한 사람을 보듯 곁눈질만 하는 회사도 있습니다. 복도에서 3명의 직원들이 복도를 가득 채우면서 나란히 걸어오는 모습을 보고 제가 복도 구석에 붙어 인사를 건네도 그냥 지나치는 회사도 있었습니다.

다만 이런 회사라고 해서 모든 사람들이 다 무뚝뚝한 것은 아니고, 반갑게 인사를 해주는 분들도 있습니다. 이 회사들은 손님이나 사내 직원들에 대한 인사를 개인의 가치관에 맡기고 있는 것입니다. 이렇듯 인사 하나만으로도 그 회사의 분위기나 사풍 같은 것을 느낄 수 있죠.

기업 이념이라는 회사의 가치관을 전제에 두어라

개인의 가치관을 존중하는 것은 중요합니다. 오히려 꼭 그래야 할 경우도 있습니다. 다만 개인의 가치관을 존중하는 것과 처음부터 서로의 가치관에 대해 이야기해본 적이 없다는 것은 크게 다릅니다.

팀으로서 매일 기분 좋게 일하고 싶다면 어떻게 하면 팀원 모두가 기분 좋게 일할 수 있는가를 논의할 필요가 있습니다. 예를 들어 어느 회사 정문 옆에는 큰 비석에 '예절을 소중히'라고 새겨져 있습니다. 이는 회사의 경영이념이며 회사 전체의 가치관을 나타낸 것이죠.

이러한 가치관을 가진 회사에서라면 모두가 소중히 해야 할 일이 무엇인지를 논의하는 자리에서 "과연 예절이 필요할까", "바쁘면 인사 정도는 하지 않아도 괜찮지 않은가" 따위의 논의는 필요 없을 것입니다. 대화의 시작은 "예절을 소중히 여기기 위해서 우리는 어떤 행동을 하면 좋을까"가 되어야 합니다.

질문에 대한 답변으로 돌아가보죠. 젊은 직원과의 가치관의 차이를 메우기 위해 당신이 젊은 사원에게 맞출 필요는 없습니다. 당신이 소속된 조직의 경영이념, 가치관을 바탕으로 당당하게 리더로서의 가치관을 팀에 제시해야 합니다. 그리고 팀원들과 함께 대화하고 가치관을 구현하기 위한 모두가 납득할 수 있는 액션 플랜을 만들도록 하세요.

23.

리더로서 권위는 유지하되 직원들에게 편하게 다가갈 수 있는 방법을 알려주세요.

무엇을 위해 소통해야 하는가?

동료나 친구처럼 친한 사이가 되어서는 안 된다는 우려는 부하직원과의 소통이 친해지기 위한 요소이지, 성과를 내기 위한 요소로서는 그다지 중요하지 않다고 생각하는 당신의 선입견에서 비롯된 것입니다. 직장에서의 소통의 목적은 직원과의 관계성을 양호하게 유지함으로써 부하직원들이 일을 원활히 진행하고 성과를 내도록 하는 것입니다. 부하직원에게 인기를 얻기 위함도, 단순히 즐거운 직장을 만들기 위함도 아니죠. 이것을 잘못 이해하면 일하기 좋은 직장이 아니라 적당주의가 판치는 놀기 좋은 직장이 됩니다.

저는 여러 회사의 컨설팅을 하고 있어서 상사에 대한 부하직원의 피드백 코멘트를 한 번씩 볼 기회가 있습니다. 분위기도 밝고 직원들도 상사도 싱글벙글 웃으며 일하고 있는데, 실적이 부진한 회사의 상사에 대한 피드백 코멘트를 보면 다음과 같은 문구가 자주 보입니다.

- 해결할 수 없는 어려운 사업 환경하에 있다. 모두가 하나가 되어 성과를 올릴 수 있는 팀을 만들기 위한 의연한 행동 지침의 공유와 팀원의 상황에 따른 적절한 육성을 기대한다.
- 방법이 있는데도 실행하지 않는 팀원에게는 때로는 엄격하게 지도하거나 충고해도 좋지 않을까.
- 주변을 의식하지 않고 리드해주었으면 한다.

한편 마찬가지로 분위기가 밝고 활기차고 동시에 실적도 좋은 회사의 피드백 코멘트에는 다음과 같은 문구들이 자주 눈에 띕니다.

- 성과를 올리기 위해서 해야 할 일을 공유하고 구체적인 이야기를 해준다.
- 성과를 위해 함께 땀을 흘리고 행동하는 가운데 소통에 설득력이 있고 의욕을 생기게 한다.

▌부하직원과 해야 할 소통이란?

▌전자는 그야말로 적당주의가 만연한 놀기 좋은 회사, 후자는 소통이 성과를 내기 위한 요소로서 원활하게 기능하고 있는 일하기 좋은 회사라고 할 수 있습니다. 차이점은 무엇을 위해 소통을 해야 하는지가 명확하다는 것입니다.

어떤 일이든 성과가 요구됩니다. 그렇다면 의사소통도 성과를 올리기 위해 이루어져야 합니다. 성과를 올리는 소통은 따지고 보면 다음의 3가지로 집약됩니다.

① 잘되지 않는 경우의 원인 확인 및 공유

② 잘 진행되고 있는 경우의 원인 확인 및 공유

③ 팀원에게 보내는 격려

성과로 직접 이어지지 않는 사적인 소통(취미나 가족 이야기 등)도 인간관계의 토대를 만드는 데 있어서 중요하지만, 이쪽으로 너무 치우치면 업무에 딱히 도움이 되지 않습니다.

당신은 평소 부하직원들과 어떤 소통을 하고 있나요? 자기 자신에 대해서는 의외로 잘 모르는 법입니다. 시간을 갖고 찬찬히 살펴보도록 하세요.

24.

직원 관리

제게 도움을 요청하는 직원이 없는데, 어떻게 해야 편하게 제게 도움을 요청할까요?

구체적인 답을 얻고 싶다면 구체적으로 물어라

상사에게 "잘돼가?"라는 질문을 받았을 때 당신이라면 어떻게 대답하겠습니까? 그런 막연한 질문에는 직원들도 "그럭저럭 하고 있습니다"라고 에둘러 대답할 수밖에 없을 것입니다. 구체적인 답을 얻고 싶다면 구체적으로 물어봐야 합니다.

"지난번에 그 깐깐한 고객사한테 제안했을 때 승낙을 받지 못했다고 했지? 해결 방안 수정해서 월말까지 내겠다고 했는데, 제안서 수정 작업은 어떻게 진행되고 있어?"라는 식으로 그때의 애로사항이 해소됐는지 보다 구체적으로 물어보는 것입니다. 도움의 손길을 기다리는 것이 아니라 부하직원이 도움이 필요한 상태인지 여부를 리더인 당신이 먼저 물어서 가시화할 필요가 있습니다.

특히 업무 경험이 적은 직원의 경우에는 자신이 현재 무엇에 곤란을 겪고 있는지 모르거나, 어려운 일이 너무 많은데 어떻게 줄여야 하는지 모르거나, 곤란한 상황에 처해 있는데 왜 이런 상황에 빠지게 됐는지 모르는 등 현재 자신의 상황을 정확하게 파악하지 못하는 경우도 있습니다. 리더에게 도움을 요청하려고 해도 자신의 상황을 잘 설명할 수 없는 탓에 무엇을 도와 달라고 해야 할지 방법조차 모르는 한심한 일이 발생할 수 있죠. 그렇기 때문에 리더에게는 직원이 무엇에 어려움을 겪고 있는지 안테나를 켜고 구체적으로 "지금 이거 문제 있는 거 아니야?"라고 질문을 해서 애로사항을 찾아내는 힘이 필요합니다.

부하직원과의 면담은 메모로 남겨라

부하직원의 도움 요청을 표면화하기 위한 편리한 도구가 '메모'입니다. 부하직원이 면담을 요청했을 때는 몇 월 며칠 몇 시에 어떤 면담을 하고 어떤 조언을 했는지 메모로 남겨두는 것이 좋습니다. '일자/면담 내용/조언 내용/개선책'처럼 미리 포맷을 만들어두면 편리하죠.

저는 제가 진행하는 리더 연수에서 "부하직원 중 누구에게 언제, 어떤 면담을 했는지 다 기억하나요?"라는 질문을 자주 합니다. 기억하는 리더는 10명 중에 2명 정도입니다. 나아가 "그 면담에서 어떤 조언을 했는지, 그리고 그 조언에 부하직원이 어떤 반응을 보였는지 기억하세요?"라고 물어보면 기억하는 리더는 거의 없습니다.

애초에 기억을 못 하면 나중에 지난번 면담했던 건이 면담 후 어떻게 진행됐는지 확인할 수 없죠. 그러나 메모를 남겨두면 "2주 전 화요일 오후에 면담했었잖아? 그때 이렇게 해보자고 이야기했는데 그 건은 어떻게 됐어?"라고 구체적으로 확인할 수 있습니다.

도움 요청을 끌어내고 싶다면 메모는 필수입니다. 메모를 바탕으로 리더로서 물어보고 확인하세요. 상황이 이 정도가 되기 전에 면담했더라면 어떻게든 만회할 수 있었을 것이라는 유감스러운 상황을 없애야 적절한 타이밍에 적절한 대응을 할 수 있습니다.

25.

능력만 보고 직원을 채용해서 그런지 팀 관계가 무너졌습니다. 사람 간의 궁합을 중시했어야 했나요?

궁합이 맞는 팀원들만으로 함께 일하는 것은 불가능

인간관계는 매우 복잡한 것입니다. 오랫동안 교류를 계속하는 가운데 궁합도 변합니다. 만나자마자 바로 싸움을 했던 사람도 시간이 지나면서 궁합이 좋아지는 경우도 있고, 그 반대의 경우도 있습니다. 즉 궁합이 맞는 팀원만 갖춰 팀을 형성하는 것은 현실적으로 불가능하다고 보면 됩니다.

리더에게 요구되는 것은 '편향적인' 감정에 휘둘리기 쉬운 직원들을 '목적'이라는 깃발 아래에 하나로 묶는 힘입니다. 우리는 개개인의 궁합의 좋고 나쁨을 초월한 큰 목적 아래에 모인 조직이라는 것을 팀원들과 공유해 그들을 하나로 묶는 것이 리더의 역할입니다.

오히려 나쁜 궁합은 감정에 기인합니다. 리더가 갑자기 궁합이 전혀 맞지 않는 사람들을 모아놓고 '우리 팀의 목적은 무엇인지', '달성해야 할 목표는 무엇인지', '이를 위해 무엇이 필요한지' 등을 이야기해보자며 운명 공동체임을 앞세워 호소해봐야 소용이 없습니다. 이론은 리더의 말이 맞지만 인간으로서의 감정이 방해하는 법이죠.

'이성'에 앞서 '감정'에 호소하라

한 농업용 기계 제조회사에서는 정비팀과 영업팀의 사이가 좋지 않은 상황이 몇 년 동안 계속되고 있었습니다. 정비팀은 날마다 영업팀에 대해 "영업팀은 정비팀이 얼마나 바쁘든 상관하지 않고 고객의 점검 일정을 경솔하게 약속해. 덕분에 이번 주말도 또 휴일 출근이야"라고 투덜댑니다. 영업팀은 정비팀에 대해서 "우리가 매일 고객에게 얼마나 머리를 숙이고 있는지도 모르지. 정비팀은 그냥 항상 변명만 늘어놓는단 말이야"라며 한탄합니다.

그러던 중 정비팀의 실수로 문제가 발생하였고 해결을 위해 영업팀의 협력을 구해야 하는 상황이 찾아왔습니다. 그러나 협력체제가 좀처럼 순조롭게 이루어지지 않았습니다. 평소 으르렁거리던 사이였기 때문에 영업팀의 직원들은 "왜 걔네들 실수를 우리가 뒤치다꺼리해야 되는 건데?"라고 한탄합니다.

사실 영업팀이나 정비팀 모두 고객이 안심하고 자사의 농기계를 사용하다가 교체할 때 다시 자사의 농기계를 선택해주기를 바라고 있습니다. 하지만 입장이 다르기 때문에 서로의 고생을 알아주지 못하고, 감정적으로 대립하고 있는 것입니다. 이런 상황에서 리더가 해야 할 일은 으르렁거리는 두 팀이 서로 머리를 맞대고 '상품을 구매하는 고객을 위해 우리가 함께할 수 있는 것은 무엇인가'라는 공통의 목적을 서로 이야기하는 장을 만드는 것입니다.

궁합이 맞지 않는 사람들끼리 팀으로서 협력 관계를 쌓아가기 위해서는 '이성'이 아닌 '감정'에 호소하는 것이 중요합니다. 논의를 하면서 '정비팀은 매일 이렇게 많은 일을 끌어안고 있었구나', '영업팀은 매일 이렇게도 많은 고객의 클레임에 시달리고 있었구나'라고 서로의 수고를 인식하고 이해하게 된다면 감정 대립도 완화됩니다. 감정이 꼬여 있는 동안에는 협력 관계를 만들 수 없습니다. 상대를 감정적인 면에서 받아들일 수 있어야만 '문제해결을 위해 무엇을 어떻게 할 것인가' 하는 이성적 판단이 이루어질 수 있습니다.

궁합이 맞지 않는 사람들과 팀으로 일을 해야 할 때는 먼저 궁합이 맞지 않는다고 느끼는 원인은 무엇인지를 서로 이야기하고 들으면서 감정을 누그러뜨리는 것부터 시작해보세요.

26.

직원의 사생활을 건드리지 않으면서 적극적으로 소통할 수 있는 방법을 알려주세요.

무리하게 사생활에 끼어들지 않아도 된다

당신의 자세는 전적으로 옳습니다. 평소에 일에 관한 소통을 적극적으로 취하고 있다면 특별히 더욱 관계를 깊게 하기 위해 사생활에 관한 이야기를 나눌 필요는 전혀 없습니다.

그러나 어디까지나 일을 중심으로 소통을 계속 취하다 보면 개중에는 분명 일에 영향을 주는 사생활에 대한 화제가 나오기 마련입니다. 그때 개인적인 이야기를 들려준다면 자연스럽게 들어주면 됩니다.

갑자기 먼저 "아내와의 사이는 문제없지?"라고 물으면 '왜 사적인 것을 갑자기 묻지?'라고 불편해할 것입니다. 사무실에서 피곤해 보이는 모습을 보였다면 "무슨 일 있어? 어제 잠 못 잤어?" 정도의 질문으로 충분합니다. 여기에 부하직원이 스스로 대답할 수 있는 한도 내에서 사적인 이야기를 꺼내면 되는 것입니다. "사실 어젯밤 아내랑 이것 저것 이야기가 길어져서…"라든지 "사실 어제 좀 일이 있어서요…"라든지 어떤 식으로 말해도 그건 대답하는 사람의 몫입니다.

사람이란 원래 그렇게 쉽게 마음을 열고 자신의 고민을 떠벌리는 존재가 아니라는 사실을 잊어서는 안 됩니다. 그 상대가 리더라고 해서 부하직원이 자신의 심정을 솔직하게 이야기하거나 약점이나 고민을 술술 털어놓아야 하는 의무가 있는 것은 아닙니다.

본심을 먼저 드러내라

부하직원과 본심을 터놓고 서로 이야기할 수 있는 분위기를 만들고 싶다는 리더들이 많습니다. 그러나 신뢰 관계가 구축되어 있지 않으면 "자, 허심탄회하게 터놓고 이야기해보자"라고 해도 직원들은 불편해하기 마련입니다. 마치 자신의 속마음을 리더가 체크하고 감시하는 것 같은 인상을 갖기 때문이죠.

애당초 왜 부하직원과 본심을 터놓고 이야기하고 싶다고 생각하나요? 그것은 평상시 업무에 대한 개선점, 궁금증, 고민 등을 쌓아두지 말고 그때그때 상담해주기 바라기 때문일 것입니다. 그렇다면 리더가 먼저 평소 업무에 대한 개선점, 궁금증, 고민 등을 직원들에게 이야기하고 상담하도록 해보세요.

심리학에는 '호의의 반보성 법칙'이라는 것이 있습니다. 이것은 상대방으로부터 무언가 은혜를 받았을 때 답례하고 싶다고 느끼는 심리작용을 말합니다. 부하직원이 진심을 갖고 이야기하기를 원한다면 먼저 리더 스스로 갑옷을 벗고 진심으로 직원에게 이야기를 해야 합니다.

저도 자주 부하직원들과 허심탄회하게 이야기를 나눈 기억이 있습니다. 부끄러운 이야기지만 저도 젊었을 때는 회의 때마다 의욕이 앞서서 잘해보자고 격려하곤 해서 오히려 팀원들을 긴장하게 만드는 경우도 있었습니다. 반성을 하면서도 막상 회의가 시작되면 열의가 생겨 강한 어조로 이야기하곤 했던 것 같습니다.

그래서 회의가 끝난 후에는 친한 부하직원에게 "아까 그 얘기 다들 이해했어?", "좀 더 톤다운해서 이야기하는 편이 좋았겠지?" 하는 식으로 물었고 부하직원은 그때마다 솔직하게 "그렇게 세게 말한 것이 오히려 좋지 않았을까요?"라거나 "지난번에 말씀하신 일에 몰두하고 있는 단계에서 또 새로운 것을 말씀하시니… 아직 다 소화하지 못했을 겁니다"라고 조언해주기도 했습니다.

팀원들과의 신뢰관계가 높아지고 나서는 친한 부하직원만이 아니라 팀원 개개인과 소통하는 기회를 늘렸습니다. 그러자 어느새 다른 직원들도 먼저 면담을 요청하는 일이 늘어났습니다. '드디어 우리 팀도 분위기가 좋아졌구나' 하고 속으로 기뻐한 일이 생각납니다. 본심을 끌어내려면 먼저 자신부터 마음을 터놓아야 합니다. 일방적으로 직원들이 먼저 터놓기를 바란다면 점점 직원들이 상사를 어려워하고 거리를 두려해 신용을 잃을 수 있습니다.

27.

팀 관리

각자 자기 역할을 충분히 해내고 있는데, 굳이 왜 서로 도와야 하나요?

서로 도와야 성과가 오른다

압박감을 주어 개개인의 능력을 연마하도록 하고 끝까지 '개인의 힘'으로만 경쟁하거나 쟁취해 전체적인 성과를 높일 수 있다면 협업은 필요 없을 것입니다. 개개인의 책상을 파티션으로 구분해 집중할 수 있는 환경을 마련하고 개개인의 실적을 중시하여 예상과 다른 성과가 나온 직원은 그만두게 합니다. 이게 최선의 조직이라면 세상에 협업은 필요 없습니다.

그러나 많은 회사에서 협업을 중요하게 여기는 것은 서로 도와야 성과가 더 나아지는 것이 명백하기 때문이죠. 서로 도와주는데 성과가 안 난다면 그것은 협업에 효과가 없는 것이 아니라 그저 협업의 질이 나쁘기 때문일 것입니다. 협업이 이루어지지 않거나 협업의 질이 나쁜 직장에는 '성과를 내는 사람'과 '못 내는 사람'의 양극화가 심하다는 특징이 있습니다.

우수한 팀원은 그 우수함을 유지하며 노하우를 쌓아갑니다. 성과가 없는 팀원은 우수한 팀원의 도움을 받지 못한 채 성장의 계기를 오로지 '자구의 노력'에서 찾아야 합니다. 노하우를 공유하거나 조언을 받을 기회가 없는 상태에서 우수해질 수 있는 기회를 갖지 못하고 정체된 채 조직에 힘이 되지 못합니다. 이것이 양극화의 원인입니다.

우연찮게 팀 전체의 목표를 달성하고 있는 상태라면 이 불행은 더 오래 지속됩니다. 목표를 달성했으므로 리더는 현재 상황에 문제의식을 갖기 어렵죠. 그리고 우수한 팀원들도 실적이 나쁜 직원들이 팀의 발목을 잡고 있지만 우리 힘으로 어떻게든 팀을 목표 달성으로 이끌었다고 생각하게 됩니다. 현상을 바꿀 계기가 만들어지기 어렵습니다.

하지만 이런 팀들은 성공 노하우를 공유하고 도움을 주고받는 팀을 결코 이길 수 없습니다. 게다가 우수한 팀원들이 이직이나 퇴직해 갑작스럽게 실적이 떨어질 수 있는 위험이 항상 존재합니다.

그렇다면 우수한 팀원의 의식을 바꾸어 서로 돕는 조직을 만들기 위해서는 무엇이 필요할까요? 답은 지극히 간단합니다. 맞습니다. '보상'입니다.

명확한 보상을 주어라

우수한 팀원이 성과를 내지 못하는 팀원에게 조언하거나 노하우를 공유하기 꺼리는 원인은 다른 팀원을 위해 배려해도 아무런 이득이 없는 데다 성과를 내지 못하는 팀원이 성장함에 따라 자신의 우수성이 위협받기 때문입니다. 우수한 팀원들의 마음도 이해가 갑니다. 보상이 없다면 조언을 할 이유가 없습니다.

그래서 보상을 해야 하는 것입니다. 배려에 대한 비용이 들어온다는 것을 알게 되면 우수한 팀원은 자진해서 조언을 하게 됩니다. 조언은 아주 훌륭한 '일'입니다. 우수한 팀원의 '자원봉사'를 기대해서는 안 됩니다(협업에 대한 평가방법에 대해서는 다음에 설명하겠습니다).

만약 협업에 가치가 없다면 회사는 모두 개개인의 실적에 따라 보수를 지급하는 개인계약을 맺을 것입니다. 하지만 많은 회사들이 그렇지 않습니다. 그것이 무엇보다 협업이 개인 실적보다 큰 가치가 있다는 증거라고 할 수 있습니다.

28.

어떻게 해야 팀워크를 발휘해 서로 협력할 수 있을까요?

언제, 무엇을 서로 협력할 것인지를 명확히 하라

이 질문은 앞선 27번 질문에서 더 나아가 '협업이 필요하다'는 결론이 나온 다음 단계에서 나온 것입니다.

당신의 직장은 구체적으로 협업이 이루어지고 있습니까? 협업하자는 호소가 단순한 구호에 그치고 있나요? 그렇다면 그 원인은 언제, 무엇을 서로 협력할 것인지가 세부적인 사항까지 정해지지 않았기 때문입니다. 이를 구체적으로 정하면 협업은 자연스럽게 이루어집니다.

어느 주택 판매회사에서는 개인 간 경쟁이 치열해 전통적으로 서로 돕지 않는 분위기가 자리 잡혀 있었습니다. 휴일이 되면 잘나가는 영업직원은 이미 고객과의 미팅이 잡혀 있는데, 그렇지 않은 영업직원은 그저 넋 놓고 고객을 기다리는 상황이 이어집니다. 인기 영업직원의 고객 상담이 길어져서 뒷손님이 기다리게 되어도 자기 손님이 아니기 때문에 아무도 대응하지 않습니다. 계속 기다리다 지친 고객이 돌아가는 일도 자주 있습니다.

리더는 이러한 상황을 바꿔야겠다고 생각했습니다. 주택 구입을 검토하는 단계에 있는 고객의 상당수는 '꼭 이 회사가 아니더라도 다른 회사에서 집을 사도 좋다'고 생각하는 고객들입니다. 직원들의 고객 대응에 불만을 느끼고 돌아가버린 고객은 두 번 다시 돌아오지 않습니다. 다른 회사의 고객이 될 것입니다.

일부러 시간을 들여 회사로 찾아온 손님을 놓치는 것은 너무나도 아깝죠. 그래서 리더는 전체의 실적 향상을 위해 협업을 촉진하기로 했습니다.

협업으로 계약 성공률 상승

언제, 무엇을 협력할 것인가? 리더는 팀원들과 의논해서 그 내용을 구체적으로 정했습니다. 누구의 담당 고객이 방문하든 팀원들 모두 "어서 오세요"라고 인사를 합니다. 잘나가는 영업직원의 상담이 길어져 고객이 기다리고 있다면 짬이 나는 영업직원이 "지금 담당자가 다른 고객을 응대하고 있기 때문에 괜찮다면 제가 할 수 있는 범위 내에서 상담해드리겠습니다"라고 말하고 고객의 요구 조건을 듣거나 계약까지의 흐름을 설명하는 등 '임시 대처'를 합니다. 어린아이를 데리고 온 손님이 있으면 아이를 키즈룸으로 안내하여 함께 놀아줍니다. 언제, 무엇을 서로 협력할 것인지를 세세한 부분까지 팀원 전원이 공유한 것이죠.

그리고 평가 항목에도 '팀 공헌도'를 추가했습니다. 그때까지는 집이 한 채가 팔리면 담당 영업직원의 평가로만 인정하던 것을 협업 체제를 마련한 후에는 담당 영업직원이 서포트에 들어간 영업직원에게 10퍼센트 정도의 비율로 보상하는 형태로 바꾸었습니다. 나아가 팀 전체의 목표를 달성한 때에는 '팀 평가'라는 형태로 팀 전원에게 보상하는 내용으로 바꾸었습니다.

아울러 우수한 영업직원에게는 실적이 부진한 팀원의 육성을 지원하게 하고, 이 또한 팀 공헌으로 평가하여 보상하도록 했습니다. 영업소 전체의 협업 체제가 구체적으로 구축되자 분위기도 좋아졌고 연간 매출도 25퍼센트 이상 증가했습니다. 협업의 필요성에 대한 논의가 나오더라도 언제, 무엇을 협업할 것인지, 협업에 대해 어떻게 보상할 것인지 등 구체적으로 논의하지 않으면 협업체제는 구축되지 않을 것입니다.

29.

직원 관리

정년을 앞둔 시니어 직원에게 어떤 일을 맡겨야 의욕적으로 일할까요?

내일모레면 정년을 맞이하는 사람에게 "더 노력해주세요"라든지 "젊은 직원들처럼 거래처 미팅을 해주세요"라고 말한들 쉽게 먹힐 리가 없습니다. 대개 정년을 맞이하게 되면 회사가 어떻게 되든 자신과는 관계가 없다고 생각하기 때문이죠.

또한 만일 노력하려 한다고 해도 육체적인 쇠퇴로 인해 젊은 직원들과 같은 수준의 노력을 할 수 없는 것이 현실입니다. 같은 영업직원이라는 이유로 젊은 직원과 마찬가지로 거래처의 점포를 많이 돌아다니라고 하는 것도 가혹한 이야기입니다. 하물며 그것이 플러스알파의 일이라면 '제발 좀 그만하라'고 한탄하고 싶은 것이 시니어의 본심일 테죠.

인간은 누구나 남에게 도움이 되고 싶어 한다

자, 당신에게 한 가지 질문이 있습니다. 시니어 팀원에게 일을 부탁하면서 마음 한 구석에서 '시니어 직원=의욕이 없다'는 고정관념을 갖고 있지는 않은가요? 팀 성과에 크게 도움이 안 된다는 판단을 내리고 스스로 절반은 포기하지 않았나요?

인간은 누구나 다른 사람에게 도움이 되고 싶다고 생각하는 것이 본심입니다. 오랜 세월 최전선에서 싸워온 베테랑 직원이라면 더더욱 그렇죠. 배려를 받으면 받는 대로 '그래도 나는 아직 그렇게 늙지는 않았어'라며 자존심에 상처를 입기도 합니다.

시니어 팀원에게는 '그들이 잘하는 것'을 맡기세요. 체력은 떨어지고, 새로운 트렌드에도 어두울지 모릅니다. 그래도 지금까지 쌓아온 경험을 바탕으로 남들이 할 수 없는 특기를 가진 시니어 직원들이 많습니다.

잘하는 일을 자꾸 맡겨라

한 식품 제조회사의 시니어 직원은 "나는 체력이 없으니 외근은 이제 안 돼요. 손 글씨 광고지만 만들겠습니다"라고 선언하고 사내에 틀어박혀 있었습니다. 일방적인 상황이지만 그가 만드는 손 글씨 광고지 자체의 질도 높고, 본인도 하루 종일 즐겁게 만들었답니다. 그가 만드는 광고지의 특징은 고객용이 아닌 점원용이라는 것이죠.

소매점 계산대 주변에 있는 껌이나 사탕은 점원의 말 한마디로 판매가 결정될 수도 있습니다. 그래서 그는 계산대에 있는 점원들이 볼 수 있도록 '이런 말로 추천해보세요'라고 제안하는 광고지를 많이 만들어 호평을 받았습니다. 그의 팀장은 팀원들로부터 반쯤 '애물단지' 취급을 받는 그가 조명을 받도록 하고 싶었습니다. 그래서 팀장은 시니어 팀원에게 "손 글씨 광고지를 잘 쓰시던데요. 손 글씨로 광고지 쓰는 법을 젊은 직원들에게 가르쳐주세요. 강습회를 열면 어떨까요?"라고 제안했습니다. 처음에는 그 시니어 직원은 물론 다른 팀원들도 내키지 않는 것처럼 보였지만, 손 글씨 광고지 작성법을 설명하는 가운데 드러나는 시니어 직원만의 노하우에 팀원들이 감탄했죠. 이를 계기로 영업직원을 대상으로 한 여러 고충 면담 업무가 시니어 직원에게 맡겨졌습니다.

나아가 "좋아, 그 점주는 예전에 내가 담당했었어. 같이 방문해줄게"라며 거래처와의 문제로 골치가 아픈 영업직원의 해결사로 동행하게 되었습니다. 체력이 없기 때문에 외근은 이제 어렵다고 우는 소리를 하던 것이 거짓말 같았습니다. 잘하는 일과 누군가에게 도움이 된다는 실감이 지렛대가 되어 이 시니어 직원의 의욕이 크게 바뀌었습니다. 이처럼 시니어 직원들에게도 아직 회사에 공헌할 만한 능력이 남아 있습니다.

그런데 주의할 점이 한 가지 있습니다. 시니어들의 의욕에만 의존해서는 약발이 오래가지 않습니다. 플러스알파의 일을 부탁했다면 그 일에 대해서도 자원봉사처럼 여길 것이 아니라 제대로 평가해서 보상하는 것이 중요합니다.

30.

어떻게 해야 파트타임이나 비정규직 직원이 능력을 발휘할 수 있을까요?

'고마워'와 '당연해'

"당신 덕분에 팀 분위기가 좋아졌어요. 고마워요"라는 말을 들으면 기분이 좋지 않나요? 파트타임 직원이 가장 굶주린 말이 바로 "○○ 씨, 고마워요"입니다. 이름을 불러주면서 고맙다는 말을 건네보세요. 정직원들로부터 '고맙습니다'라는 말을 들어본 적이 없다며 한탄하는 파트타임 직원들이 많습니다. '고마워'의 반대말은 '당연해'입니다. 파트타임 직원에게 잡무를 시키는 것이 당연하다고 생각하는 직원이 그만큼 많다는 것이죠.

당신은 파트타임 직원의 이름을 알고 있나요? 이전 직장에서 무엇을 했는지 알고 있나요? 애초에 파트타임 직원을 정직원보다 '아래'로 보지는 않았나요?

파트타임 직원을 깔보면 안 됩니다. 한 제약회사를 대상으로 조사해봤더니 파트타임 직원 중에는 '이불 제조회사에서 영업 1등을 했던 사람'이나 '생명보험회사에서 항상 실적이 상위였던 사람' 등 이전 직장에서 최일선에 섰던 이들이 여러 명 있었습니다. 대부분이 육아 등으로 인해 일을 그만뒀는데 다시 정직원으로 재취업이 어려워 파트타임으로 일하고 있는 사람들이었죠.

그들의 잠재력을 살리지 않으면 안 됩니다. 파트타임 직원의 의욕이 떨어지고 있다는 건 파트타임 직원을 '단순 작업자'로만 보고 감사의 말조차 건네지 않았기 때문이 아닐까요?

정말 안타까운 일입니다. 파트타임 직원의 잠재력을 끌어낼 수 있다면 직장에 새로운 기폭제가 될 수 있습니다.

회의에 참석하도록 독려하고 믿고 맡겨라

파트타임 직원은 시급으로 일합니다. "정직원이라 생각하고 일해줘", "좀 더 의욕을 갖고 일해줘"라고 요구만 하면 "그럼 시급을 올려주세요"라고 말할 것입니다. 정해진 시간 내에 시키는 것을 한다는 조건으로 파트타임으로 채용되었기 때문에 이는 정당한 주장입니다.

그럼에도 파트타임 직원의 의욕을 끌어내려면 어떻게 해야 할까요? 잠재력을 발휘하고 싶어지는 자리에 참여하게 함으로써 의욕을 끌어낼 수 있습니다. 근무 시간 내에 진행되는 의사결정의 자리인 회의에 참석하게 하는 것이죠. 그 자리에서 '정직원들이 지금 무엇을 중점 목표로 두고 일하는가', '파트타임 직원에게 기대하는 것은 무엇인가'를 직접 느끼게 합니다.

인간은 생각하는 동물입니다. 목표를 공유하면 파트타임 직원도 자연스레 자신이 목표 달성을 위해 무엇을 할 수 있을지를 생각합니다. 함께 일하는 이상 동료에게 도움이 되고 싶어 하는 것이 자연스러운 마음이기 때문이죠.

회의에 정직원들만 참여할 수 있는 경우에는 "현장의 의견으로 ○○씨의 이야기를 들어보자"라고 하여 파트타임 직원의 이야기를 들어보세요. 어쩌면 뼈를 때리는 날것의 이야기를 들을 수 있을지도 모릅니다.

어느 건강식품회사에서는 회의에 참석한 파트타임 직원으로부터 "판매자의 사정만 내세우는 공급자 중심의 영업활동을 하고 있지 않나요? 좀 더 고객의 니즈를 확인하면서 영업활동을 하면 좋겠습니다"라는 의견을 듣고 영업직원 모두가 깜짝 놀랐다고 합니다. 평소 회의에 참석하지 않았던 파트타임 직원이기 때문에 오히려 고정관념에서 벗어난 참신한 의견도 기대할 수 있습니다.

감사를 표현하면 의욕이 높아진다

단 아무리 회의에 참석하여 잠재력을 발휘하도록 하여 파트타임 직원의 의욕을 고취시켜도 사원 한 사람 한 사람이 감사의 마음을 갖지 않는다면 결국 파트타임 직원은 의욕을 잃게 됩니다.

어느 파트타임 직원이 정직원 2명을 서포트하고 있었습니다. 의사결정의 자리인 회의에 참석함으로써 의욕이 높아져 정직원에게 제출하는 업무일지에도 단순한 작업 기록뿐만 아니라 매장에서 느낀 다양한 상품 구색의 변화나 매장 담당자와의 소소한 대화 내용까지 자세히 기록했습니다.

한 직원은 이 정보를 고맙게 느끼고 업무일지에 고맙다는 말과 피드백을 첨부하여 파트타임 직원에게 돌려주었습니다. 그러자 업무일지에는 매일매일 파트타임 직원이 포착한 유용한 정보들이 늘어갔습니다. 여백이 없을 정도로 빽빽하게 작성된 살아있는 소식들이 올라오게 된 것이죠.

한편 또 다른 한 직원은 어떠한 피드백도, 고맙다는 말도 하지 않았습니다. 어떻게 되었을까요? 업무일지의 정보량은 하루가 다르게 줄어들어 어느새 원래의 단순한 작업 기록으로 돌아갔습니다. 같은 사람이라도 감사의 말 유무에 따라 일에 대한 의욕과 성과에서 이 정도의 차이가 나는 것입니다.

간단한 작업을 전제로 한 고용계약이므로 이쪽에서 이래라저래라 높은 기대를 요구할 수는 없습니다. 하지만 중요한 정보를 공유하고 함께 일하는 소중한 동료로서 입장이나 위치에 관계없이 감사나 위로의 말을 전하면 의욕이 생길 가능성이 크게 높아집니다. 근무 시간 내에는 그에게 많이 의지하고, 감사의 뜻을 마음껏 표현해보세요. 파트타임 직원을 단순한 작업자, 서포터로서가 아닌 함께 일하는 동료로 대우해보세요.

31.

일은 잘하는데 후배들을 거칠게 대하는 직원을 어떻게 지도해야 행동이 개선될까요?

'일을 잘한다'는 것은 무엇인가?

우선 대전제로서 '일을 잘한다'는 것의 정의는 무엇일까요? 당신의 생각은 어떤가요?

회사에는 매출 목표와 함께 '어떻게 일할 것인가'를 명문화한 경영 이념 및 행동 규범이 있을 것입니다. 단적으로 말하면 회사에서 일하는 인간에게는 '능력'과 '인격'이 모두 요구된다는 것입니다.

즉 능력 면에서 아무리 매출 목표를 달성하고 성과를 낸다고 해도 인격적인 면에서 조화를 어지럽히고 경영이념에 어긋나는 행동을 한다면 그 사람은 일을 잘하는 사람이라고 할 수 없는 것이죠.

이를 근거로 후배들을 거칠게 대하고 말버릇이 나쁜 직원에게 어떻게 접근해야 할지를 생각해보세요. 말투나 태도는 상대방의 주관에 의해서 인상이 바뀝니다. 같은 말투, 같은 태도라도 '믿을 만한 형'처럼 느끼는 사람이 있는가 하면 '잘난 척 뻐긴다'고 느끼는 사람도 있습니다. '후배들을 거칠게 대하고 말버릇이 나쁘다'는 것이 다른 사람들 모두가 느끼는 인상이 아니라 질문자 한 사람의 주관일 가능성도 충분히 생각할 수 있습니다.

따라서 말투나 태도를 바꾸라고 지적하기 전에 그 말투나 태도가 업무에 어떤 영향을 미치는지를 객관적 사실을 근거로 냉정하게 따져봐야 합니다. 특정인의 좋고 싫음으로 인해 발생하는 불만인지 아니면 명확하게 업무에 지장이 있기 때문에 생기는 불만인지를 판별해야 하는 것이죠.

말투나 태도는 성격과 마찬가지로 그 사람이 오랜 세월 생활해온 환경 속에서 이루어진 것입니다. 고치라는 지적을 인격 부정으로 받아들일 수도 있는 민감한 일이기도 합니다. 말투나 태도에 대해 본인에게 말할 때는 지나치게 신중하다고 할 정도의 사전 조사가 필요합니다.

회사가 중시하는 규범을 바탕으로 접근하라

직원의 개인적인 행동에 대해 이야기하기 위해서 중요한 것은 어디까지나 '회사가 요구하는 행동 규범 · 행동 지침에 맞지 않은 행동을 하고 있다'는 입장이어야 한다는 것입니다.

예를 들어 만약 회사의 행동 규범에 '서로를 존중하고 협력관계를 구축하자'라는 항목이 있다면 이를 다음과 같이 이용하여 말해보세요.

"이건 누구 특정 개인의 생각이 아니라 회사가 전 직원에게 요구하는 것이야. 조직에서 일하는 이상 회사가 중시하는 규범에 준거한 행동을 할 필요가 있는데, 지금 당신의 행동은 이 규범에서 벗어나 있고, 이러이러한 실제 피해도 발생하고 있어. 유감스러운 일이라고 생각해. 당신은 능력이 있어. 그러니 이 규범에 맞는 행동을 해주면 주변 사람들의 신뢰가 더욱 두터워질 거야."

리더 대 특정 직원이라는 개인의 싸움 구도로 만드는 것이 아니라 회사가 내거는 규범을 바탕으로 상대방에게 수정을 요청하는 것입니다.

　리더인 당신은 회사에 있어서는 공인입니다. 조직을 리드하는 인간으로서 부하직원의 능력과 인격을 객관적으로 판별할 수 있어야 합니다.

32.

후배들에게 평가가 좋지 않은 직원과 그 후배들의 관계를 개선시켜주고 싶은데, 제가 어떻게 하는 게 좋을까요?

질문 18에서 저는 "80퍼센트의 상사들은 '부하직원의 고민'을 모른다"고 말한 바 있습니다. 이것은 서로의 입장을 바꾸어 반대로 말해도 들어맞습니다. '상사의 고민'을 알고 있는 부하직원들 또한 거의 없습니다. 당신은 어떤가요? 서로의 고민을 모르는데 직원이 상사를 욕하거나 상사가 직원의 욕을 하기만 한다면 당연히 성과도 오르지 않습니다.

후배직원에게 접근하는 방법

먼저 후배직원에게 접근하는 방법에 대해 살펴보죠. 업무에 대한 고민을 서로 이야기하는 자리를 만들고 그때 '선배직원의 고민'에 대해 언급해보기를 추천합니다.

"아마 그 선배직원에 대해 마음에 들지 않는 부분이 있을지도 모르지만 회사원으로서 우리는 서로를 서포트해야 하는 입장에 있어. 당연히 그 선배직원에 대해서도 마찬가지지. 그 선배직원은 매일 무엇을 생각하고, 무엇을 고민하면서 일하고 있을지 잠시나마 같이 생각해보자."

아마도 다양한 의견이 나올 것입니다.

'개인적인 좋고 싫음을 떠나 공평하게 부하직원을 키워야 한다.'

'팀 전체의 실적을 책임지면서도 또 자신의 할당량을 달성해야 한다.'

대략적이지만 핵심을 관통하는 의견이 나올 것입니다. 지금까지 전혀 관심을 갖지 않았던 꼴 보기 싫은 상사의 입장을 조금이라도 떠올려본다면 어떤 생각의 변화가 생길지도 모릅니다. 제로가 1이 되는 것은 그것만으로도 큰 진전입니다.

선배직원에게 접근하는 방법

리더가 보기에 후배직원들에게 좋은 소리를 듣지 못하는 원인이 선배직원에게도 있다고 느껴진다면 선배직원에 대해서도 조언할 필요가 있습니다.

어느 주택 판매회사에서는 과장 이하 현장의 영업직원들이 부장에게 좋은 감정을 가지고 있지 않았습니다. 현장 영업직원 모두가 부장에게 '현장도 모르면서 건방지다'라고 한목소리로 평가했죠.

한 과장이 이 관계를 개선하고자 나섰습니다. 과장끼리의 회의 자리에서 부장에 대한 이야기를 꺼낸 것입니다. 사실 불만을 잠재우는 방법은 간단했습니다. '현장도 모르면서'라는 것이 불만이라면 현장을 알려주면 됩니다. 따지고 보면 단순한 거였죠.

이를 위해 현장 영업직원이 사용하는 업무 공유 시트에 '부장의 피드백 코멘트'를 적는 란을 마련했습니다. 모두가 공유하는 파일이므로 부장이 각각 어떤 피드백을 하는지를 알 수 있었습니다. 업계 경험이 오래된 부장의 관점은 현장의 영업직원에게 도움이 됩니다.

게다가 과장들은 그 시트를 부장보다 더 상사인 임원에게 정기적으로 보고하기로 했습니다. 부장이 현장 담당 직원들과 어떻게 관계하고 있는지를 투명하게 가시화했죠. 이러한 방법을 통해 부장이 부하직원들을 대하는 태도도 직원들이 부장을 대하는 태도도 조금씩 바뀌었습니다.

관계가 좋지 않을수록 일부러라도 그의 입장을 생각해보거나 억지로라도 우리의 판에 끌어들이는 것이 필요합니다. 그러면 반드시 조금이라도 관계는 개선될 것입니다.

33.

좀처럼 자신의 의견을 굽히지 않는 데다 잘못까지 인정하지 않는 직원을 어떻게 지도해야 할까요?

→ 자기 일에 나름의 신념이나 자부심을 가지고 몰두하는 것은 멋진 일입니다. 하지만 팀으로 일하는 이상 한 사람의 자부심만을 계속 존중할 수는 없습니다. 팀원 개개인의 자부심을 '팀의 일원으로서 완수해야 할 역할'로 통합해야 팀을 건강하게 이끌어 나갈 수 있습니다. '팀의 일원으로서 완수해야 할 역할'이란 만약 리더라면 자신에게 맡겨진 팀의 성과를 제대로 내는 것을 말합니다. 마찬가지로 팀원이라면 주변 사람들과 협력해서 자신에게 부과된 목표를 달성하고 성과를 확실하게 내는 것입니다.

자부심을 전환시켜라

이 질문은 개인의 자부심이 자신의 의견을 굽히지 않거나 이의를 인정하지 않는 형태로 나타나 팀의 일원으로서 완수해야 할 역할에 지장을 초래했다고 느꼈기 때문에 생긴 것이라고 생각합니다. 이 경우에는 '개인의 자부심'을 '팀의 일원으로서 가져야 할 자부심'으로 전환시켜줄 필요가 있습니다. 다만 전환을 시도할 때 신중하지 않으면 불필요하게 일이 꼬여버릴 수도 있습니다.

자부심이 강한 사람에게 "이 점을 고쳐라"라고 면박을 주다가 자존심을 건드리게 되면 '내가 나쁜 게 아냐, 나는 잘못한 게 없어'라는 식으로 방어적인 태세만 취하고 일부러 막무가내로 다른 사람의 말을 듣지 않는 상황에 빠질 수 있습니다.

또한 너무 개별적으로 지도하면 개인에 대한 공격으로 받아들이고 반발을 할 우려도 있기 때문에 함께하는 자리에서 교육 차원으로 접근하는 것이 좋습니다.

함께 대화하는 자리에서 재인식하게 하라

팀 전체를 대상으로 '자부심'에 대해 생각하는 자리를 마련하여 대화하면서 객관적으로 자신의 생각이나 언동을 되돌아보게 하는 것이 좋습니다.

우선은 팀 전원이 '이런 직장을 만들고 싶다', '이런 일을 하고 싶다', '이런 리더가 되고 싶다' 등으로 이야기를 나누어보는 자리를 만들어보세요. 서로 의견을 나누면서 팀 전원이 목표로 하는 '리더의 자세', '팀원의 자세'가 구체화될 것입니다. 그런 순간이야말로 리더와 팀원 모두 팀의 일원으로서 자부심을 발휘하는 상태라고 할 수 있습니다.

그 과정에서 목표로 하는 바람직한 모습과 현실 사이에 격차를 깨닫게 된다면 자존심이 센 그 부하직원도 '팀의 일원으로서는 아직 부족한 점이 있구나' 하고 깨달음을 얻을 수 있습니다. 개인에게 직접적으로 지적하면 반발할 수 있으니 반드시 팀 모두와 함께하는 대화 속에서 다시 한 번 지금 자신의 모습을 인식하는 기회를 주도록 합시다.

개인의 문제가 아니라 조직의 문제로 바라보고 어떤 팀, 어떤 팀원이면 좋을지 모두 함께 토론합시다. 토론을 통한 문제해결은 다양한 과제에 응용할 수 있는 방법이므로 꼭 시도해보도록 하세요.

제4장

결과를 내라

결과에 일희일비하지 않고,
결과 다음에 이어질 과정을 올바르게 확인하고 실행하고 있는가?

34.

이해할 수 없는 상사의 지시를 직원들에게 어떻게 이해시켜야 할까요?

상사와 싸워서 얻을 것은 아무것도 없다

이렇게 끼인 상태의 리더는 괴롭기 마련입니다. 그렇다고 해서 결코 "이런 지시는 절대로 받아들일 수 없습니다!"라고 상사와 싸워서는 안 됩니다. 권력을 가지고는 있지만 머리가 굳은 상사 한 사람과 싸운다고 해서 회사가 바뀌지는 않습니다. 당신만 손해를 볼 뿐이죠.

그렇다면 어떻게 해야 할까요? 상사의 지시에는 일단 "네"라고 대답하면서 한편으로는 부하직원들이 일하기 쉽고 동시에 성과를 내기 쉽도록 하기 위해서 어떻게 하면 되는지를 고민해야 합니다.

어느 건설회사 팀장의 이야기입니다. 사무실에 멍하니 앉아 있을 뿐 현장에는 전혀 가지 않는 상사가 실정도 모르면서 이런저런 명령을 한다고 합니다. "그거 큰일이네요"라고 공감을 표하는 제게 그는 웃으며 이렇게 대답했습니다.

"확실히 지시한 대로 제대로 하려면 힘들 것 같아요. 하지만 괜찮아요. 그 상사는 현장에 가지 않을 테니 적당히 '알겠다'라고 하고 실제로는 현장이 일하기 쉽도록 하고 있으니까요."

저는 그의 말에 묘하게 설득되었고 감탄했습니다. 이 건설회사에 국한된 이야기가 아니라 대부분의 상사는 현장의 구석구석을 세세하게 파악하지 못하는 경우가 많습니다.

당신이 어떻게 상사의 지시를 조정하든 알 길이 없는 것도 사실입니다. 상사에게 있어서 중요한 것은 오직 '결과'입니다. 그 결과를 내기 위한 과정이야말로 당신의 능력을 보여줄 수 있는 장입니다. 그리고 좋은 결과가 나오면 "상사의 조언 덕분에 좋은 결과를 낼 수 있었습니다. 감사합니다"라고 상사에게 공을 돌리면 됩니다. 이것이 서로 원원하는 관계입니다.

지시의 배경을 파악하라

상사가 당신에게 지시를 내리는 상황은 대부분 팀장급 이상이 모이는 사내회의처럼 당신의 부하직원이 없는 경우일 것입니다. 그렇다면 상사의 지시를 쉽게 받아들일 수 없더라도 당신의 부하직원이 받아들이기 쉬운 방법을 찾아 고민해서 전달할 수 있을 것입니다. 단, 여기서 가장 어리석은 행동은 "부장 자식 아무것도 모르면서 이런 터무니없는 소리를 지껄이다니. 이해가 안 간다니까"라는 식으로 상사의 지시를 나도 받아들이지 못하겠다는 것을 그대로 직원에게 드러내는 경우입니다. 당신이 불만을 직원들에게 털어놓으면 털어놓을수록 실무진들의 불만은 증폭되고 의욕은 줄어듭니다. 당연히 상사가 요구하는 결과를 내기 어렵겠죠.

직원들에게 전달해야 할 것은 당신이 상사의 지시에 납득하는지 아닌지 여부가 아니라 상사가 왜 그런 지시를 내렸는지에 대한 배경입니다. 예를 들어 전년도 매출 목표가 '전년 대비 108퍼센트'였던 자동차 제조회사에서 내년도에는 '전년 대비 115퍼센트'의 매출을 목표로 한다고 해봅시다.

'뭐? 전년 대비 108퍼센트도 죽기 살기로 겨우 달성했는데, 내년에는 115퍼센트를 더 하라고? 지금의 노력보다 더 해서 내년 매출을 7퍼센트포인트를 더 하라는 말이잖아. 나보고 죽으라는 거냐고!'

이것이 당신의 거짓 없는 속마음일지도 모릅니다. 이를 있는 그대로 부하직원들에게 전달한다면 부하직원도 아마 같은 반응을 보일 것입니다. 그러나 상사인 당신은 "쉽지 않은 목표지만 달성하도록 해보자"라고 그들이 분발할 수 있도록 전달할 필요가 있습니다. 그것이 당신의 역할이죠. 예를 들어 이렇게 이야기할 수 있습니다.

"이번 시즌에는 잘했어. 내년도 목표는 전년 대비 115퍼센트로 더 높아질 거야. 왜냐하면 새로운 연구개발과 큰 설비 투자가 필요하거든. 지금 우리 회사는 브랜드 파워가 있고 연비가 좋은 주력 상품도 호평이지. 하지만 지금 차를 사는 사람들의 관심은 안전성이 높고 운전 부담도 적은 자율주행차로 쏠리고 있어. 그 분야에서 뒤처진 우리 회사는 연구개발과 새로운 테스트 코스 건설에 투자를 해야 해. 여기서 밀리면 우리 회사의 매출은 단번에 추락할 수 있어. 현실적으로 북미시장에서는 이미 그러한 징후가 나타나고 있고…. 이것이 경영진이 가지고 있는 위기감이니 우리 모두 공유했으면 좋겠다."

경영진은 다양한 데이터를 바탕으로 분석하면서 철저한 논의를 통해 장기적인 전략을 수립하지만 동시에 위기감을 갖고 있기 때문에 쉽지 않은 어려운 목표를 직원들에게 들이미는 것입니다. 그 위기감의 이유를 중간 관리자가 알기 쉽게 잘 전달해야 직원들도 분발합니다.

누구도 자신이 다니는 회사를 망치고 싶지 않을 것입니다. 그런 의미에서 경영진이 내리는 지시의 의도를 부하직원에게 잘 전달할 수 있도록 당신이 먼저 상사에게 왜 이런 지시를 내린 것인지 그 근거를 확인하는 것이 중요합니다. 왜 그런 목표를 내세웠는지 목적이나 배경을 받아들일 수 있도록 쉬운 설명을 덧붙여 부하직원들에게 전달하면 분명 직원들도 이를 이해하고 받아들일 가능성이 높아집니다. 여기에서 리더로서 당신의 실력을 보여줄 때입니다.

35.

성과가 나쁠수록 직원들과의 대화 시간이 줄어드는데, 어떻게 해야 다시 의욕을 북돋워줄 수 있을까요?

→ 이런 우화가 있습니다. 어느 날 아침 산속을 걷던 나그네가 땀을 흘리며 열심히 나무를 베는 나무꾼을 보았습니다. 저녁때 나그네가 같은 길을 돌아가는데 아침과 같은 장소에서 폭포수 같은 땀을 흘리면서 나무꾼이 아직도 나무를 베고 있었습니다.

하지만 작업이 그다지 많이 진행되지 않은 것 같았죠. 나그네가 발걸음을 멈추고 자세히 보니 나무꾼이 사용하고 있는 도끼날이 그야말로 이가 다 나가 무뎌질 대로 무뎌진 상태였습니다. 나그네는 나무꾼에게 말을 걸었습니다.

"이봐요, 나무꾼 양반. 힘이 대단하네요. 하지만 작업이 그다지 진행되지 않은 것 같네요. 일단 일을 멈추고 도끼날을 가는 게 어때요?"

나무꾼은 대답했습니다.

"나그네 양반, 무슨 소리 하는 거요? 날을 갈 시간이 없어요. 나무를 베기에도 바빠 죽겠는데…."

나그네는 기가 막혀서 그 자리를 떠났습니다. 나무꾼은 다시 잘 갈린 도끼라면 불과 5분 만에 벨 수 있는 나무를 꼬박 하루에 걸쳐 계속 벱니다.

정말 소통이 필요한 것은 성과가 수반되지 않을 때입니다. 생각대로 일이 진행되지 않기 때문에 잠시 일을 멈추고 정비할 필요가 있는 것이죠.

성과가 나오지 않는 이유를 찾아라

소통은 무조건 말을 건다고 되는 것은 아닙니다. 부하직원의 성과가 나오지 않는 데에는 반드시 어딘가에 원인이 있습니다. 그 원인을 찾아 부족한 점을 판별해서 조언해줍니다. 이것이 리더의 소통입니다.

어느 음료 판매회사에는 '신제품을 반드시 고객처에 납품하라'는 상부로부터의 지시가 있었고 영업직원들은 어떻게 하면 신제품을 팔 수 있을지 골머리를 앓고 있었습니다. 하지만 영업직원들은 매번 매장에 나갔다가 신제품 제안을 거절당하고 돌아왔습니다. 팀장이 그 이유를 물었더니 고객처에서는 "당신들은 매번 신제품이라고 내세우는데, 요전에 받은 신제품도 전혀 팔리지 않았는데 그건 어떻게 할 거냐?"라는 원망만 들었다고 합니다. 신제품을 팔아야 한다는 공급자로서 자신들의 사정에만 정신이 쏠려 가장 중요한 고객의 니즈를 잊고 있었던 것입니다. 이래서는 영업활동이 잘될 리가 없습니다.

팀장은 '지금이야말로 도끼날을 갈아야 하는 시기'라고 생각했습니다.

"다들 신제품을 팔아야지 하는 조바심은 일단 잊자. 우리 신제품의 실력은 데이터를 보면 타사의 이 제품보다 좋으니 거래처에서 취급만 해준다면 잘 팔릴 수 있을 텐데, 혹시 상품 수량이 부족한 매장이나 이번 신제품보다 매출이 낮은 상품이 매장에 진열되어 있는 경우는 없을까? 한번 전체적으로 정리해보자."

모두가 잠시 멈춰 데이터를 분석해본 결과 팔릴 만한 상품인데 매장에 비치되어 있지 않은 경우와 팔리지 않는데도 매장에서 공간을 차지하고 있는 경우가 많이 나왔습니다.

"좋아, 이제 우리가 뭘 하면 성과가 나올지가 명확해졌다. 매장에서 빠진 우량 종목과 매장에 남아 있는 불량 종목을 교체하고 공간이 남으면 신제품을 더 많이 진열하도록 설득해보자."

팀장의 격려에 힘입어 이 팀의 실적은 단번에 올랐습니다. 성과가 수반되지 않을 때에 필요한 것은 성과가 나오지 않는 이유를 찾는 소통입니다.

우리 팀은 언제나 성과가 나오지 않는다고 투덜대며 정신없이 직원들을 내몰지는 않았나요? 그런 때야말로 가장 중요한 순간입니다. 성과가 나오지 않는 이유를 신중하게 살펴보세요.

36.

직원들에게 일을 부탁하는 방법을 알려주세요.

의지가 되는 부하직원일수록 잃기 쉽다

어느 운송회사에 근무하는 중견사원에게 고민이 있었습니다. 그는 부탁을 받으면 싫다고 말하지 못하는 성격이었습니다. 그 때문에 상사로부터 일이 자꾸 밀려왔습니다. 매일 야근이 계속되어 피로를 느끼지 않는 때가 없었습니다. 결국 그는 회사를 그만두려고 상사에게 자신의 고민을 털어놓았습니다.

상사는 비로소 처음으로 부하직원에게 큰 부담을 주고 있었다는 것을 깨닫고 깊이 반성했습니다. 그 직원이 의지가 되어 무심코 매번 그에게 일을 맡긴 것이라는 사정을 솔직하게 설명했죠. 앞으로는 부하직원이 하고 있는 일을 파악한 후에 여유가 있으면 부탁하겠다고 약속했습니다. 직원은 상사의 반성을 받아들이고 회사를 그만두지 않기로 했습니다.

팀에서 일을 하는 데 있어서 상사가 부하직원에게 일을 부탁하는 상황이 많을 수밖에 없습니다. 상사로서는 이왕 부탁할 바에는 일을 잘하는 부하직원에게 맡기고 싶은 것은 당연한 심리입니다.

일을 믿고 맡길 수 있는 직원은 회사나 팀에 있어서 매우 귀중한 인재입니다. 하지만 귀중한 인재가 너무 많은 업무량 때문에 의욕을 잃거나 피폐해져서 정신적인 고통을 받고 결국 퇴직이라는 단계에 이르렀을 때 이를 전혀 파악하지 못한 리더는 후회해도 이미 늦습니다.

일을 강요당했다고 생각할 수 있는 3가지 포인트

그렇다면 언제 사람은 일을 강요당했다고 느끼는 걸까요? 다음 3가지로 대별할 수 있습니다.

① 자신의 업무 상태를 파악하지 않고 일방적으로 새로운 일을 시켰을 때

② 일의 의미나 목적을 명확하게 알려주지 않고 "됐으니까 시키는 대로 하면 돼"라고 마치 로봇 대하듯 지시할 때

③ 할당된 일을 해봤자 자신의 담당 범위 밖의 업무이기 때문에 평가에 반영되지 않을 것이 명백해 일을 해도 손해라는 것이 보일 때

①~③ 중 어느 하나라도 해당되면 일하는 사람은 일을 강요당했다는 감정을 가지게 됩니다. 따라서 부하직원의 업무 상태를 파악한 다음 명확한 목적과 대가를 전달하도록 하세요.

첫머리에 소개한 운송회사의 상사는 같은 실수를 반복하지 않도록 팀원의 업무 상황을 파악하기 위한 면담을 월 1회 진행하기로 했습니다.

또한 연초의 목표 면담에서는 불규칙적으로 발생하는 업무에 대한 지원도 평가 항목에 반영하고 업무 협조를 요청할 때는 해당 업무의 목적을 확실히 설명하기로 했습니다. 압박감을 주는 행동을 고침으로써 이 회사에는 기분 좋게 서로 도울 수 있는 분위기가 만들어지기 시작했습니다.

이 일을 도와줄 수 있겠느냐고 부하직원에게 부탁하는 것은 절대로 나쁜 일이 아닙니다. 하지만 위에서 언급한 3가지 포인트를 주의하면서 당당하게 맡기도록 하세요.

37.

이번에 처음으로 리더가 되었는데, 전문지식이 부족해서 직원들이 무시하지 않을까 걱정됩니다.

인재파견회사인 '랜스태드'에서 이상적 상사와 직장환경에 관한 설문조사를 실시한 바 있습니다. 주목해야 할 것은 그중 '이상적인 상사상'이라는 항목입니다. 직장인들의 응답 중 1위는 "인간적으로 존경할 수 있다"(53.7퍼센트), 2위는 "결단력이 있다"(45.1퍼센트), 3위는 "시야가 넓다"(35.3퍼센트)였고 "실무 능력이 뛰어나다"가 8위로 12.5퍼센트에 불과했습니다(복수응답).

왜 무시를 당하는 것인가?

위 조사 결과를 보면 부하직원들은 상사에게 실무자로서의 능력은 별로 요구하지 않는다는 것을 알 수 있습니다. 전문 지식이 없다는 이유만으로 무시를 하는 경우도 없고, 업무 스킬의 유무로 무시를 하는 경우도 없습니다.

만약 팀원에게 무시를 당한다면 그것은 리더로서의 일을 못하고 있기 때문입니다. 리더로서의 일이란 무엇일까요? 저는 다음의 2가지라고 생각합니다.

① 나아가야 할 방향을 제시한다.
② 그 방향으로 조직을 움직인다.

만약 전문 지식이 없기 때문에 비난을 받는다고 느껴진다면 그것은 어쩌면 전문 지식이 없기 때문에 자신감이 없고 모호한 언행으로 일관함으로써 리더의 업무인 ①, ②를 모두 완수하지 못했기 때문이 아닐까요? 전문지식이 없어도, 기술이 없어도, 팀이 나아가야 할 방향을 제시할 수 있고 그 방향으로 조직을 움직일 수도 있기 때문입니다.

아마추어 리더가 전문가 집단의 의식을 바꿨다

어느 식품회사의 영업소장은 생명보험업계에서 이직한 사람이었습니다. 식품업계 지식에 어두워서 업계 전문용어도 잘 몰랐죠. 영업소 직원들은 처음에는 아마추어가 갑자기 영업소장이 된 것 같아 불안해했지만 그 소장은 자신의 행동으로 구성원들을 안심시켰습니다.

먼저 소장은 식품 영업을 공부하고 싶으니 영업직원들에게 자신을 조수석에 태워 다니라고 부탁하여 영업 현장에 동행했습니다. 고객사에서는 영업직원의 영업 멘트를 들으면서 열심히 메모하며 공부하고, 돌아오는 차량 안에서는 폭풍질문을 했습니다. 대답이 이해가 되지 않으면 자신이 수긍할 때까지 끈질기게 물었죠. 그 덕에 영업소 직원들은 자신들이 잘 알고 있다고 생각하던 것들을 실제로는 전혀 이해하지 못한다는 사실을 깨달았습니다.

소장은 회사의 경영이념이나 행동 지침에 대해서도 자신이 이해할 때까지 몇 번이나 질문을 반복했습니다. 직원 중 한 명은 당시를 되돌아보고 이렇게 말했습니다.

"소장님과 얘기하다 보면 우리가 영업활동을 하는 데 있어 소중히 여겨야 할 것이 무엇인지를 새삼스럽게 인식하게 되는 것 같았어요. 소장에 취임한 지 1년이 지나도록 영업의 세세한 부분에 있어서는 우리가 더 뛰어났습니다. 그래도 '영업직원이 무엇을 소중히 여기고 행동해야 하는가'에 대해서는 소장님이 가장 잘 이해하고 있었습니다."

지금의 당신에게 정말로 필요한 것은 세세한 전문 지식이나 스킬이 아닙니다. 나아가야 할 방향을 직원들에게 알기 쉽게 제시하고, 그 방향으로 팀을 움직이는 힘이죠.

38.

리더라도 부족한 부분이 있으면 직원들에게 의지할 수 있는데, 그런 모습 때문에 직원들이 저를 신뢰하지 않을까 걱정됩니다.

앞서 전문 지식이 없다고 해서 부하직원으로부터 무시를 받을 일은 없다고 말했습니다. 하지만 전문 지식 따위는 배우지 않아도 된다는 의미는 아닙니다.

두 지점장의 차이는 무엇일까?

타 부서에서 영업부서로 이동하게 된 2명의 지점장이 있었습니다. 한 지점장은 자사의 상품 지식이나 영업의 기본 지식을 열심히 배우면서 취임 후 첫 외부 고객 상담을 나갈 때는 상품 지식을 잘 아는 부하직원을 동행하도록 하고 고객의 질문에 자신이 대답하기 곤란할 때는 옆에서 잘 서포트해주길 부탁했습니다.

"나는 이제 겨우 상품 지식을 외우는 단계야. 외운 내용을 열심히 늘어놓는 정도로는 상대방의 반응을 읽을 수 없고 효과적인 영업제안도 할 수 없지. 그래서 상품 지식에 대해서는 자네가 도와줬으면 해. 나는 오늘 고객의 반응을 보는 역할을 할게."

직원도 이 점을 이해하고 지점장을 도왔습니다. 얼마 안 가 지점장은 상품 지식을 습득해 여유를 가지고 설명을 할 수 있는 정도가 되었고 직원의 서포트도 필요 없게 되었습니다.

또 다른 지점장도 마찬가지로 부서에 이동한 지 얼마 안 되었기 때문에 상품 지식 등 모르는 게 많아 부하직원에게 의지했습니다. 부하직원도 흔쾌히 도왔죠. 그러나 자사의 상품 지식이나 영업이라는 업무에 대해 전혀 배울 생각이 없었던 지점장은 2년이 지나도록 "나는 타부서 출신이라 영업에 대해서는 잘 모르니까…"라는 말만 반복하고 있었습니다. 직원들도 그에게 존경심은커녕 정이 떨어졌고, 그 지점장은 팀 내 구심력을 잃었습니다. 결국 그 지점의 실적은 뚝뚝 떨어졌고, 그는 지점장에서 직위 해제되었습니다.

두 지점장의 차이는 '자신이 할 수 있는 것에 최선을 다한 후에 부하직원에게 의지했는가'라는 점 하나입니다. 실무를 담당하기에 역량이 부족하다고 해서 직원들로부터 무시를 받지는 않습니다. 직원들에게 의존했다는 이유로 무시를 당할 일도 없습니다. 하지만 스스로 성장하고자 하는 의욕을 보이지 않는 리더는 무시를 당합니다. 이 차이는 매우 중요합니다.

용서받을 수 없는 리더의 직무유기란?

나아가 '직무유기'라는 말에 대해 좀 더 깊이 생각해보죠. 직무유기에는 두 종류가 있습니다. 리더가 적극적으로 해야 할 직무유기와 리더가 결코 해서는 안 되는 직무유기가 그것입니다.

리더가 적극적으로 해야 할 직무유기란 앞에서 설명한 대로 부하직원이 가지고 있는 역량에 의지하는 것입니다. 직원들을 능숙하게 부릴 줄 아는 리더는 조직 전체에 '협업'의 분위기를 만들어내고, 결과적으로 실적을 향상시킵니다.

한편 리더가 결코 해서는 안 되는 직무유기는 부하직원에게 책임을 떠넘기는 것입니다. 팀으로서 목표를 달성하지 못했을 때 '자신은 100퍼센트 노력했는데, 직원들이 무능해서…'라는 태도를 취하는 상사들이 얼마나 많은가요? 직원이 성과를 내지 못한 것은 그 직원을 이끄는 리더 자신의 책임입니다. 그 책임으로부터 도망쳐서는 안 됩니다.

'우리 직원들은 몇 번을 말해도 모른다'고 탄식하는 상사들이 있는데, 그렇게 투덜거릴 시간이 있으면 상대방이 쉽게 알아들을 수 있도록 표현하는 대화법에 대해 고민해야 합니다. 부하직원에게 책임을 전가하는 것이 리더로서는 최악의 직무유기입니다.

어떤 상사를 의지할 수 없다고 생각하나요? 어떠한 직무유기가 용서되지 않나요? 이 2가지를 잘 인식하고 행동한다면 부하직원들에게 의존하기 때문에 신뢰를 잃는 사태는 피할 수 있습니다. 직원들에게 잘 의존하면서 그들의 협조를 얻는 리더가 되기를 바랍니다.

39.

신입사원들이 적다 보니 그들끼리 선의의 경쟁을 못 해 나태해지는 것 같습니다. 그들을 어떻게 지도해야 할까요?

동료가 아니라 시장과 싸워라

어느 회사든 점점 채용 인원이 적어져서 입사한 사원들이 서로 '좋은 라이벌'이 되어 선의의 경쟁을 할 수 없는 상황이 생겨나고 있습니다. 하지만 사내에 경쟁자가 없는 것이 그다지 안 좋은 상황은 아닙니다. 사외, 즉 시장으로 눈을 돌리는 계기가 되기 때문이죠.

아무래도 바로 옆에 살아있는 라이벌이 있다면 더 의욕이 불타는 법입니다. '이 녀석에게 지지 않을 거야'라는 오기도 생겨나죠. 하지만 어설프게 라이벌만 의식하다 보면 라이벌을 이긴 순간 성장이 멈추거나 라이벌에게 진 순간 의욕을 잃는 리스크도 함께 커집니다.

더욱이 서로를 연구하고 노력하는 선의의 경쟁자가 아니라 실적을 다투는 적으로 간주하여 자신의 노하우를 동료와 공유하고 싶지 않거나 동료의 장점을 인정하지 않는 부작용이 생길 수도 있습니다. 이처럼 사내 라이벌의 존재는 '양날의 검'인 것입니다.

보험회사에서 일어난 반발

어느 보험회사의 후쿠오카 지점에서 일어난 이야기입니다. 도쿄 지점에서 인사이동을 통해 우수한 영업직원이 전근을 왔습니다. 그 직원의 제안서는 후쿠오카 지점의 영업직원과는 질이 완전 딴판이었습니다. 그래서 지점장은 그에게 제안이 통과되지 않아 몇 주나 어려움을 겪는 다른 직원들을 위해 그의 훌륭한 제안서를 보여 달라고 부탁했습니다.

그러자 그는 "싫습니다. 왜 적에게 도움을 주어야 합니까?"라며 단호히 거절했습니다. 이 회사는 모든 지점장들이 '다른 지점에 지지 말라'고 영업소장을 질타하고, 영업소장은 '다른 영업소에 지지 말라'고 으르렁거리고, 영업직원은 '내가 저 영업직원에게 지지 않을 거야'라며 동료를 라이벌로 보는 분위기가 만연했습니다. 그 때문에 노하우 공유나 고민 상담 등 협력 체제를 구축하기 어려운 상황이었죠. 하지만 그 지점장의 생각은 달랐습니다.

'만약 우리 회사가 도산한다면 어떻게 될까?'

'우수한 지점의 우수한 영업직원들은 살아남을 수 있을 것인가?'

그런 일은 없을 것입니다. 실적에 관계없이 전 직원이 일자리를 잃고, 가족과 함께 모두 힘든 상황에 빠질 것입니다. 그제야 '회사가 망하지 않도록 서로 협력할걸' 하고 후회해도 이미 늦습니다.

지점장은 팀 전원을 모아 호소했습니다.

"동료는 결코 적이 아니다. 아군이다. 진짜 '적'은 시장이다. 사내에서는 서로 협력하여 시장에서의 경쟁력을 높이자."

그리고 스스로 먼저 행동을 바꿨습니다. 직원들의 영업에 적극적으로 동행하여 고객의 소리에 더욱 귀를 기울이고 이를 사내에 공유하기 시작했습니다.

'직원들에게 이래라저래라 하면 안 된다. 스스로 어떻게 하고 싶은지를 보여주어야 한다.'

이 생각을 가지고 지점장은 사무실에서 나와 시장 속으로 뛰어들기 시작했습니다. 조직의 분위기는 점차 바뀌었습니다. 그들의 경쟁 의식이 사내에서 시장으로 향하기 시작한 것이죠. 싸워야 할 대상은 옆 자리 동료가 아니라 시장입니다. 사내에서 서로 발목 잡기를 하는 사이에 다른 회사에 시장을 빼앗겨버리면 아무 의미가 없습니다. 채용이 점점 더 억제되고 있는 지금이야말로 직원들에게 시장에 대한 인식을 철저하게 할 때입니다.

40.

모두가 하기 싫어하는 일을 어떻게 직원들에게 배정해야 할까요?

→ 쓰레기 당번이나 청소 당번 같은 모두가 싫어하는 '잡무'라면 순번제로 해서 일주일마다 번갈아가면서 맡는 단순한 대책으로 해결할 수 있을 것입니다. 까다로운 것은 업무에 있어서 '재미있다', '재미없다'가 명확하게 보이는 경우입니다.

여기 A기획과 B기획이 있습니다. A기획은 재미있어 보이는 데다 성공하면 성과도 큽니다. B기획은 시간도 오래 걸리고 힘든 데다 결실이 적을 게 뻔합니다. 그래도 누군가 B기획을 해야 합니다. 누구에게 어떻게 B기획을 배정해야 할지 고민되는 부분이죠. 이러한 때에 중요한 것은 B기획을 '왜 하지 않으면 안 되는가', '이것을 하는 것이 회사에 어떠한 의미가 있는가'를 명확하게 전달하는 것입니다.

나는 성과가 부진해서 여기로 좌천된 거야

어느 음료 판매회사에는 조사팀이라고 불리는 부서가 있습니다. 그들이 하는 일은 오직 '자판기 매진 램프가 켜져 있는지 아닌지'만 확인하는 것입니다. 정말로 그뿐입니다. 영업 실적이 부진하여 저(低)성과자로 낙인이 찍힌 직원들이 모인 팀이죠. 팀에는 10명이 있었는데, 특별히 담당지역의 배정도 없었기 때문에 하루 종일 큰 주택단지 지도를 펼쳐놓고는 다음 날 순회할 지역의 루트를 결정합니다. 그 루트를 다 돌고 나면 다음 날에는 또 큰 주택단지 지도를 펼쳐놓고 루트 작성을 하는 무미건조한 일이 매일 계속되고 있었죠.

의욕이나 동기부여가 생길 리가 없습니다. 새롭게 합류한 직원도 '어차피 나는 성과가 부진해서 여기로 좌천됐다'는 식으로 마음을 굳게 닫은 채 출근할 뿐이었죠. 매진 램프 체크도 사복을 입고 몰래 조사하러 다녔습니다. 자동판매기를 설치한 가게의 주인이 '수상한 사람인가?' 하고 의심스럽게 말을 걸면 그제야 비로소 "아니, 실은 저, 이 음료 판매회사의 직원인데요…"라고 간신히 말했다고 합니다. 일을 하는 것임에도 마치 나쁜 짓을 하다가 들킨 것 같은 반응을 보인 것입니다.

팀을 바꾼 리더의 한마디

그런 그들의 의식을 바꾼 것은 새로 부임한 영업부장 덕분이었습니다. 사실 영업부장은 '조사팀'의 일을 매우 의미 있는 일이라고 생각했습니다. 그리고 그 생각을 그대로 팀원들에게 전달했습니다.

"여러분들이 성실하게 매진 상품을 조사해주는 덕분에 '어느 지역에서 어떤 상품이 잘 팔리는가', '어느 정도의 기회손실이 있는가'를 알 수 있습니다. 이 정보를 일목요연하게 정리한다면 보다 효율적인 영업활동이 가능하게 될 것입니다."

영업부장은 담당하고 있는 지역을 더 작은 구역으로 나누고 조사팀 한 사람 한 사람에게 담당 구역을 정해주었습니다. 또한 매진 체크 시의 복장은 지금까지의 사복에서 회사의 로고가 들어간 셔츠로 변경하였습니다. 일반 영업직원들처럼 담당 점포를 가지고 점주에게 명함을 건네면서 자판기의 매진 상황을 체크하는 방식으로 바꿨죠. 이렇게 함으로써 가게 점주와도 대화를 할 수 있게 되었고, 자판기 매진 체크만으로는 얻을 수 없는 귀중한 정보도 얻을 수 있게 되었습니다.

각각 조사한 내용은 지역 담당자의 이름을 붙여 매진 상황을 한눈에 알 수 있도록 일람표로 작성해 영업직원에게 전달했습니다.

정보를 받은 영업직원들은 크게 기뻐했습니다. 매진으로 인한 기회손실로 얼마나 큰 매출을 놓치고 있었는지가 분명하게 드러났기 때문입니다. 현장의 영업직원들은 조사팀의 정보를 바탕으로 매진이 잘되는 상품을 자동판매기 내에서의 배치를 2열, 3열로 늘리거나 보충을 자주 하는 등의 대책을 세우게 되었습니다.

드디어 전국 1위!

조사팀의 일은 의미 있는 일이었습니다. 이러한 영업부장의 신념은 틀리지 않았습니다. 충실한 조사에 근거한 효율적인 영업활동이 결실을 맺어 그가 맡은 팀은 훌륭하게도 일본 제일의 실적을 획득했습니다. 조사팀의 팀원들도 '우리도 회사에 도움이 되고 있다'는 자부심을 되찾았죠.

연말에 있는 위로 파티에서 영업부장은 성적이 좋았던 영업직원들과 함께 "올해의 좋은 실적을 함께 일하는 인연 속에서 군건하게 지지

해준 것은 조사팀 여러분 덕분입니다. 자, 단상으로!"라고 해 조사팀도 연단에 올랐습니다. 우레와 같은 박수 속에 팀원들은 수줍지만 자랑스럽게 웃었습니다.

비록 수고롭고 모두가 하고 싶어 하지 않는 일이라도 그 일에 의미를 부여하고 일을 끝마쳤을 때에 감사를 전할 수 있다면 구성원들의 의욕을 높일 수 있습니다. 필요 없는 일이라는 건 없습니다. 리더인 당신이, 업무 하나하나의 의미를 이해하고 그 역할을 담당하는 사람들에게 열의를 갖고 자세히 설명해야 합니다.

41.

과정을 칭찬해도 성과가 나오지 않아 직원들의 의욕이 꺾이곤 하는데, 그들에게 어떤 위로와 조언을 건네야 할까요?

과정이란 무엇인가?

당신은 과정이 무엇이라고 생각하나요? 과정은 업무를 함에 있어서 결과를 내기 위해 필요한 행동을 말합니다. 결과로 이어지지 않는 행동을 과정이라고 부르지는 않습니다. 결과와 과정을 분리하여 생각하면 이상해집니다.

프로야구 선수들이 아침 일찍부터 스윙 연습을 열심히 하더라도 정작 경기에서 안타를 못 치면 연봉은 오르지 않습니다. 이때 코치는 "매일 아침 일찍부터 스윙 연습을 열심히 하는구나!"라고 의미 없는 노력을 칭찬할 것이 아니라, 안타를 칠 수 있는 스윙 방법을 가르쳐줄 필요가 있습니다. 즉 과정을 평가하기 위해서는 부하직원에게 '올바른 과정'을 거치게 해야 합니다. 올바른 과정을 정하려면 리더 자신이 현장을 잘 관찰하여 실적을 올리는 부하직원과 그렇지 않은 부하직원의 차이를 명확히 하는 것이 지름길입니다.

어느 주택 판매회사에서는 성적이 좋은 부하직원과 나쁜 부하직원의 격차 때문에 리더가 골머리를 앓고 있었습니다.

'왜 저 직원은 신나게 집을 잘도 파는가?'

'왜 이 직원은 1년 동안 얼마 안 되는 물건밖에 팔지 못하는가?'

리더가 현장에서 3개월 동안 각 구성원의 고객 상담 내용을 관찰해보니 실적을 올리는 직원과 그렇지 않은 직원의 상담 내용에 확연한 차이가 있다는 것을 깨달았습니다.

매출이 탑인 영업직원의 고객 상담은 이것이 다르다

집을 사려면 '아파트인가, 단독주택인가', '신축인가, 구축인가', '입지 중시인가, 가격 중시인가' 등 다양한 검토 사항이 있습니다. 실적이 전혀 오르지 않는 직원은 상담할 때 그 집의 훌륭한 요소를 모두 빠짐없이 설명합니다. 장점을 전달하는 것은 중요하지만 고객이 특별히 중요하게 생각하지 않는 사항까지 장황하게 설명하면 그저 자랑으로 들릴 수밖에 없습니다. 상담 과정에서 고객은 싫증이 나서 "그만 됐어요"라며 자리를 떠나버립니다.

반면 실적을 올리는 직원은 그 집의 장점을 바로 간단하게 설명한 후 이내 고객의 반응을 살핍니다. 내진성의 이야기를 했을 때 눈이 반짝였다고 감지하면 그 후에는 고객이 가장 관심을 가지는 '내진성'을 집중적으로 즉석에서 프레젠테이션을 합니다. 영업을 하는 데 있어 '자신이 말하는 내용'에 집중하는 것이 아니라 '상대가 무엇을 중시하며 듣는가'에 집중하는 것이죠.

리더는 이것이 올바른 과정이라고 확신했습니다. 그래서 고객과의 상담에서 '고객이 무엇을 중요하게 여기는지를 살펴라'라는 항목을 평가에 포함시키고 직원 모두에게 공유했습니다.

이후 고객 상담을 위해 상품 내용을 그저 필사적으로 암기하는 직원이 없어졌습니다. 어차피 무조건 암기해도 실적으로 연결되지 않고, 평가에도 반영되지 않기 때문이죠. 그 결과 이 주택 판매회사의 실적은 점차 향상되어갔습니다.

부하직원에게 결과가 나오지 않아 성장을 느낄 수 없다면 과정에 문제가 있을 것입니다. 결과를 내기 위한 올바른 과정을 밝혀내 이를 공유하고, 다시 그 과정을 직원들 모두가 따르게 할 필요가 있습니다.

42.

자신만의 주관과 의견이 없는 직원을 어떻게 지도 해야 할까요?

사람마다 사고의 페이스가 다르다

의견을 이끌어내지 못한다고 느끼는 원인은 분명 의견이 나오지 않기 때문일 것입니다. 리더가 시책을 설명하고 "질문 있는가? 나는 이런 일을 해보고 싶다든가 의견이 있으면 말해보게"라고 물어도 팀원들이 모두 하나같이 묵묵부답이었겠죠.

이런 상황이 거듭되면 리더는 의견을 이끌어내지 못한다고 고민하게 됩니다. 하지만 의견이 나오지 않는 것은 직원들에게 의욕이나 주체성이 없기 때문이 아닙니다. 어쩌면 단순히 '생각할 시간'이 부족하기 때문일지도 모릅니다.

대학생을 상대로 '리더십'을 주제로 집단 토론을 한 적이 있습니다. 90분 정도의 토론이었는데, 활발하게 발언하는 학생은 한정되어 있었습니다. 저는 솔직히 유감스럽게 생각했습니다. 하지만 수업 후 모두가 작성한 감상문을 훑어보면서 제 실망감은 단번에 날아갔습니다. 전혀 의견을 말하지 않았던 학생들이 용지 가득히 자신의 생각이나 감상을 작성했던 것입니다. 아마 그룹 토론의 상황에서는 자신의 의견을 생각하고 정리할 시간이 부족했었나 봅니다. 실제로 "다른 사람 앞에서 의견을 말하는 것에 익숙하지 않기 때문에 무슨 말을 해야 할지 생각하다 보니 어느새 시간이 다 지나가버렸다"는 의견도 있었습니다. 저는 모두의 의견을 수렴하는 데 방법 면에서 연구가 부족했다고 반성했습니다.

듣고 싶은 의견을 명확히 하고 생각할 시간을 주어라

많은 기업의 회의실에서도 이와 비슷한 일이 일어나고 있습니다. 회의 직전에 두꺼운 자료가 배부되고 빠른 말로 설명이 뒤따릅니다. 끝나자마자 "질문 있습니까?"라고 해도 생각할 여유가 없으니 질문이 거의 나오지 않습니다. 게다가 대규모 인원이 참여하는 회의인 경우에는 '이런 질문을 하면 바보 취급을 당하지 않을까?'라는 걱정이 들기 마련이라 의견을 말할 수 있는 사람은 극히 제한적입니다. 제가 컨설턴트로서 관여하는 기업에서는 회의에서 의견을 내기 쉽도록 다음의 2가지를 바꾸었습니다.

① 회의 2주일 전에 자료를 건네준다. 토론하고 싶은 의제에 대해서는 '자료를 읽고 이해하기 어려운 점', '보다 효과적으로 시책을 실행할 수 있는 아이디어나 의견', '시책을 실행하는 데 있어서 요청사항', '기타 의견'처럼 생각했으면 하는 포인트를 제시한다. 생각할 시간적 여유를 주고 자신의 의견을 가지고 회의에 참석하도록 한다.

② 회의에서는 우선 의견을 자유롭게 발언하기 쉬운 소그룹(5~6명)으로 나누고 직원들의 의견을 이끌어내기에 적합한 진행자의 지도하에서 집단 토론을 진행한다. 그렇게 의견을 이끌어낸 다음, 전체 토론으로 넘어간다.

이렇게 함으로써 지금까지 발언을 주저하던 더 많은 사람들의 의견을 들을 수 있었습니다. 한 사람, 한 사람이 자신이 생각한 것을 이야기하고 이것이 실제로 실행되면 자신의 일로 받아들이기 때문에 더 크게 보람을 느끼기도 합니다. 앞의 2가지를 참고하여 의견을 내기 쉬운 상황을 만들어주기를 바랍니다.

43.

엉망이 된 조직을 인수인 계 받아 성과를 내야 하는 데, 무엇을 어떻게 시작해 야 할까요?

마음에 와닿은 선배의 한마디

저도 전근을 많이 다녔습니다. 이 질문을 읽고 저의 경험이 떠올랐습니다. 저도 실적이 부진한 팀을 맡은 적이 있습니다. 분명 몹시 괴로울 것입니다. 성과가 없는 팀을 성과를 내는 팀으로 바꾸는 것이 리더의 일이라고는 해도 성과가 나는 팀에서 성과를 내는 것이 훨씬 편한 것이 사실입니다. 마치 제비뽑기에서 꽝을 뽑았다고 한탄하고 싶은 기분일 것입니다.

저 또한 실적이 부진한 팀을 맡아 낙담했을 때 제가 신뢰하는 선배가 이런 말을 해주었습니다.

"생각해봐. 성과가 나오는 팀을 맡았는데, 내가 리더가 된 순간 자꾸 실적이 떨어진다면 그것도 나름대로 괴로워. 하지만 성과가 없는 너덜너덜한 팀을 맡으면 약간의 성과를 낸 것만으로도 '역시 다르네'라고 칭찬을 받을 수도 있어. 어찌 보면 운이 좋은 게 아닐까?"

확실히 수긍할 만한 이야기였습니다. 선배는 말을 이어갔습니다.

"뒤죽박죽 엉망인 상태를 회복시킬 수 있다면 분명 좋은 경험이 될 거야. 하지만 조급하게 뭔가를 한다고 해서 바로 성과가 나오는 건 아니야. 재건에는 시간이 걸리지. 우선은 성과를 낼 수 없었던 원인이 무엇인지를 꼼꼼히 관찰하고 정리해서 대책을 마련하는 데 전념하는 게 어때?"

저는 그 선배의 말을 듣고 비로소 긍정적으로 생각할 수 있었습니다. 당신의 질문에 대해서도 이 선배의 조언을 그대로 전해주고 싶네요.

뒤죽박죽 엉망인 상태를 정리하고 성과를 올리는 4단계

저는 선배의 말을 듣고 성과를 낼 수 없었던 원인을 다음 4단계로 정리해보았습니다.

① 팀 전체의 실적이 아닌 개인의 실적을 보고 개인차가 생기는 원인을 분석하라.

팀 전체로는 성과를 내지 못하더라도 팀 내 개인들의 실적을 살펴보면 개인적으로는 성과를 잘 내는 사람이 분명 존재합니다. 팀 내에서 성과를 내는 사람과 그렇지 못한 사람의 업무 내용의 차이에 주목했습니다.

그러자 성과를 내지 못하는 사람은 성과를 내는 사람에 비해 고객사의 신뢰를 얻지 못하고 있다는 것을 알 수 있었죠. 왜 신뢰받지 못하는가? 역설적으로 실적이 나쁘기 때문에 자사 상품을 파는 것에만 필사적이라서 고객의 니즈를 제대로 파악하지 못했기 때문입니다. 제가 직접 고객사를 방문해보고 그 차이를 더욱 현격하게 느꼈습니다. 성과를 내는 직원의 고객사는 "이 사람을 신뢰하고 있다"고 칭찬해주었는데, 성과가 나지 않는 직원의 고객사는 "당신의 직원은 자신이 원하는 것만 말한다"라고 불평을 늘어놓았습니다. 성과를 내는 사람과 못 내는 사람의 차이를 가르쳐준 것은 고객사의 솔직한 목소리였습니다.

② 차이를 없애는 시스템을 만들어라.

고객사의 니즈를 제대로 파악하는지, 못 하는지가 성과를 내는 사람과 못 내는 사람의 차이였습니다. 저는 매일 아침 미팅에서 "오늘 방문하는 고객사의 니즈는 무엇인가?"를 영업직원에게 확인하도록 했습니다. 나아가 고객 대장을 마련해 '고객사의 니즈'라는 란을 마련해 영업직원이 고객의 니즈를 제대로 파악하는지 아닌지를 가시화했죠.

③ 어떤 제안과 어떤 영업활동을 할 것인지 구체적인 활동 플랜을 세우도록 하라.

어떻게 하면 고객사의 니즈에 부응할 수 있는지 구체적인 행동으로 표현해보도록 했습니다. 생각이 미치지 못하는 영업직원에게는 힌트를 주며 활동 플랜을 짜도록 합니다.

④ 활동 플랜에 따라 순조롭게 진행되고 있는지, 어디에서 꽉 막혀 있지는 않은지 정기적으로 확인하고 진척 상황을 공유하라.

잘되고 있는지 여부를 체크할 뿐만 아니라 안 되고 있다면 원활히 진행될 수 있게 하기 위해 어떻게 하면 좋을지 논의합니다. PDCA의 'C'에 해당하는 부분입니다. 저는 이 'C'를 'Check(확인)'의 C임과 동시에 'Care(관리)'의 C라고 생각합니다. 부하직원이 스스로 활동 플랜을 수행할 수 있도록 적극적으로 다가서서 관리하는 자세가 중요합니다.

불운을 한탄하며 끝낼 것인가, 스스로 길을 열 것인가?

뒤죽박죽 엉망인 팀을 맡아서 제비뽑기에서 꽝을 뽑았다고 울다가 임기를 끝내는 것과 엉망인 팀을 조금이라도 좋은 상태로 만들어놓고 임기를 마치는 것에는 그 후의 리더 인생의 큰 차이가 있습니다.

엉망진창인 팀을 맡아 약간의 성과를 내었다면 그다음에는 그야말로 제대로 된 팀을 맡을 수 있을지도 모릅니다. 원하는 팀을 맡아서 어떻게 성과를 올리는지 한층 더 높은 단계에서 리더로서의 실력을 검증받게 됩니다. 지금은 신입사원이 입사해서 정년까지 한 회사에서 보내는 일이 드물어졌습니다. 언제든지 시장에 자신의 가치를 물어볼 수 있는 시대라는 말입니다.

그렇게 생각하면 엉망진창인 팀을 맡아 운영해보는 것은 돈을 받아가면서 내 관리역량을 키움으로써 시장가치를 높일 수 있는 기회를 얻는 것과 마찬가지입니다. 실제로도 큰 기회이기도 합니다.

제5장

조직을
바꿔라

'이 회사는 뭘 해도 소용없다'고 포기하지 않고,
지혜를 발휘하여 주위 사람들과 함께
회사에 당당하게 변화를 요구하고 있는가?

44.

조직 혁신

상사의 편애가 심한데, 뭐라고 이의를 제기해야 할까요?

편애는 받지 않는 것이 낫다

어느 교재 판매회사의 과장은 한때 부장으로부터 지속적인 편애를 받았습니다. 그러던 어느 날 그 부장이 권력 투쟁에 패해 자리에서 물러나게 됐고, 지금까지와는 전혀 다르게 과장을 못마땅하게 여기는 부장 밑에서 일하게 되었죠. 이후 과장의 인사평가는 여러분의 상상에 맡기겠습니다.

평가표를 본 순간 자연스레 표정이 굳어지는 평가를 계속 받게 되었습니다. 과장은 깨달았습니다. 자신의 역성을 들어주던 사람의 비호가 사라지자 거품이 사라진 실제 자신과 만나게 됐다는 것을…. 그래도 아쉬운 건 자신이니 새로운 부장에게 실력을 인정받으려고 고군분투했습니다.

편애를 받는 사람을 7의 실력밖에 안 되는데 10의 평가를 받는 상태, 차별을 받는 사람을 10의 실력임에도 7의 평가밖에 받지 못 하는 상태라고 정의해봅시다. 평가를 받아야 할 사람이 정당한 평가를 받지 못하는 것은 실로 유감스러운 일입니다.

그러나 미래에 가장 위험한 것은 편애를 받는 사람입니다. 자신을 편애하는 상사가 그대로 정년까지 상사로서 계속 있어주는 경우는 없기 때문입니다. 7의 실력밖에 안 되는데 개인적인 좋고 싫음에 의해 10의 평가를 받던 사람은 상사가 바뀌자마자 7의 실력인 자신과 마주하게 됩니다. 기대하는 상사 앞에서 7의 실력밖에 발휘하지 못하게 됩니다. 그럼 당연히 그에 대한 평가가 내려질 것입니다. 진짜 실력이 아니라면 어차피 조만간 도금은 벗겨집니다.

그렇다면 반대로 편애를 받지 못하는 것은 자신을 갈고닦을 수 있는 큰 기회입니다. 아무리 실력을 쌓아도 제대로 된 평가를 받을 수 없다는 이유로 포기해서는 안 됩니다. 결국 실력은 드러나게 마련입니다. 자신의 커리어를 위해 연마하고 계속 정진해야 합니다. 그 사이에 점점 실력이 늘고 시장가치도 높아집니다. 도저히 그의 편애를 참을 수 없는 상황이 되면 그때 가서 이직하면 그만입니다.

정말 못 참겠다면 당당하게 호소하라

만약 당신이 이러한 마음가짐으로도 참을 수 없을 정도의 상황이라면 상사에게 당당하게 호소하는 것도 하나의 방법입니다.

앞에서 예를 든 과장처럼 인사평가의 결과에까지 편애가 있는 경우 급여나 승진에 직접적으로 영향을 미칩니다. '두고 보자'고 벼르며 계속 노력하는 것도 쉽지만은 않을 것입니다. 상사의 비위를 맞추기 위해 회사에 출근하는 사람은 없습니다. 누구나 자신의 삶을 꾸리기 위해서 회사에 와 있는 것이죠. 상사의 편파성이 평가에 영향을 주고 실제로 그러한 영향이 있다면 사실을 기초로 상사에게 설명을 요구해보세요.

"저도 일을 하기 위해 회사에 출근합니다. 이만큼의 활동을 실천해왔는데 5단계 평가에서 2는 납득하기 어렵습니다. 무엇이 부족한지 상사의 피드백 멘트를 구체적으로 적어주십시오."

설명을 구두가 아닌 서면으로 요구하여 증거를 남기는 자세를 보이면 효과가 높아집니다. 상사가 자신의 행동을 객관적으로 돌아보게 만드는 지혜를 발휘해보세요.

45.

지는 습관에 익숙해진 조직을 어떻게 변화시킬 수 있을까요?

팀원으로서 몇 년 연속으로 목표 미달이 지속되다 보면 '어차피 우리는 무엇을 해도 목표를 달성할 수 없어'라거나 '애당초 목표가 너무 높아. 달성할 리가 없어. 목표를 달성하지 못해도 잘리지 않을 테니 그냥 예년대로 적당히 하자'는 식으로 부서 전체의 의욕이 떨어질 수 있습니다. 이른바 '지는 습관'이 들어 속수무책인 상태가 됩니다.

지는 습관의 정체를 파악하라

당신은 목표 미달의 이유를 알고 있나요? 여기서 중요한 것은 '목표를 달성할 수 없는 이유'를 자세히 살펴보는 것입니다. 직원 개개인의 성과를 높임으로써 목표를 달성할 수 있을 것 같다면 그렇게 하기 위한 단계를 다시 밟으면 됩니다. 그러나 만약 회사가 설정한 목표 자체가 너무 높은 것 같다면 리더는 '눈에 보이는 것처럼 우리가 못 하는 것은 아니다'라는 것을 팀원들에게 잘 설명할 필요가 있습니다.

어느 식품회사의 평가지표는 매출이 아니라 매장점유율이었습니다. 매장점유율은 지역 차가 크게 드러납니다. 아무래도 임대료가 비싸고, 매장 면적이 좁은 도시 쪽이 보다 큰 매장점유율을 얻기가 쉽습니다. 한편 매장 면적이 넓은 지방 매장에서는 선반 한 면에 다양한 식품회사의 식재료를 쫙 진열하기 때문에 자사의 점유율이 낮아지는 경향이 있습니다.

그런데도 회사의 지시는 지역 차에 관계없이 하나같이 '매장점유율 ××퍼센트 획득을 목표로 하라'는 것입니다. 지방의 한 지역을 맡고 있던 어느 팀장은 고민하고 있었습니다. 도시에 비하면 아무리 생각해도 불리한 목표 설정이라는 생각에 직원들도 '어차피 우린 목표를 달성할 수 없다'며 아예 포기하고 있었고요.

▍현상을 올바르게 설명하라

고민 끝에 팀장은 본사 임원에게 '지역 차를 고려해 달라'고 읍소했지만 받아들여지지 않았습니다. 그래서 어떻게 했을까요? 얼마나 자신들이 불리한 환경인지를 분석한 후 직원들에게 "우리는 불리한 환경에서 싸우고 있다. 전국 평균이 10퍼센트인데 우리는 6퍼센트밖에 달성하지 못하고 있다. 그러나 전국의 환경을 같다고 본다면 우리는 15퍼센트에 필적하는 성과를 올리고 있는 것이다. 진 것이 아니다. 여러분이 전국 최고다"라고 조직의 성과를 올바르게 설명한 것입니다.

설명을 들은 직원들은 달라졌습니다. "회사의 목표를 달성하기에 불리한 환경에서 무리하게 그 목표를 달성하려고 해도 현실과의 괴리가 생깁니다. 그렇다면 우리가 만나는 눈앞의 고객 니즈에 더욱 철저히 부응할 수 있도록 합시다"라고 직원들 스스로 제안하기 시작했습니다. 매장점유율 확대에서 고객의 매출 제일로 방침을 다시 정한 것입니다. 점유율을 중시하여 고객 매장에 넓은 면적을 차지하고 여러 상품을 늘어놓아도 팔리지 않는 것은 팔리지 않습니다. 팔리지 않는 제품을 그대로 방치하면 매장 점주의 신용을 잃게 됩니다. 그렇다면 내점 고객의 니즈에 맞는 상품으로 상품 구색을 바꾸는 것입니다 그렇게 해서 남는 공간에 인기 상품을 넉넉하게 진열하자 '매장점유율'이라는 회사의 목표를 달성하지는 못했지만 고객의 매출이 크게 늘었고, 그들은 고객의 신뢰라는 영업활동에서 무엇보다 중요한 것을 얻을 수 있었습니다.

리더는 현상을 올바르게 인식하고 제대로 설명해야 책임을 완수하는 것이 됩니다. 그러면 팀원들에게 현재 상태에서 최선의 방법을 강구하려면 어떻게 하면 좋을 것인지를 고민하는 긍정적인 마인드가 생깁니다.

46.

어떻게 해야 야근을 하지 않고도 성과를 유지할 수 있을까요?

➡️ 당신이 안고 있는 고민은 아직도 많은 기업 현장에서 일
      어나고 있는 일입니다. 위와 아래 사이에 끼여 있는 상황,
충분히 이해가 됩니다. 본론으로 들어가기 전에 야근과 성과의 관계
에 대해 먼저 살펴보도록 하죠. 성과에는 '단기적 성과'와 '장기적 성
과'가 있고, 야근은 단기적 성과를 얻기 위한 긴급 수단입니다. 즉 항
시적인 야근은 결코 장기적 성과를 얻기 위한 것이 아니라 다급한 단
기적 성과를 내기 위한 일시적이고 불규칙한 것의 지속에 지나지 않
는다는 말입니다. 그러한 근무 방식을 지속하면 확실히 팀은 망가집
니다. 직원들의 피로감이 증가하여 효율이 떨어지거나 과로와 멘탈의
문제로 쓰러지는 직원이 생깁니다.

부가가치 없는 일을 줄여라

제가 컨설팅을 하는 금융기관도 예전에는 일상적인 야근으로 인해
실적을 계속 유지하고 있었습니다. 하지만 이래서는 안 된다고 판단
해 현장을 확인한 저는 업무 개혁을 위해 다음의 3가지 목표를 달성
하면서 동시에 실적을 유지하자고 호소했습니다.

① 정신적 어려움을 호소하는 직원 감소

② 이직률 감소

③ 야근 감소

실적을 유지하면서 ①~③을 달성하라고 하면 '말도 안 된다'고 생각할지도 모르지만 결코 불가능한 것이 아닙니다. 실제로 이 금융기관은 지금 아주 훌륭하게 이를 해내고 있습니다. 실적을 유지하려면 좀 무리한 근로방식이라도 참아야 한다거나 야근이 늘어나는 것은 어쩔 수 없다는 고정관념을 버려야 합니다. 실적을 유지하면서 부담을 줄이는 업무 방식을 이 금융기관이 실현할 수 있었던 것은 부가가치 없는 일을 철저히 줄였기 때문입니다.

직장에서의 업무에는 40퍼센트의 부가가치 없는 일이 존재한다고 합니다. 쓸데없는 보고, 의미 없는 회의, 필요 이상의 문서 작성, 비효율적인 업무 방식 등 중요 사항의 실행을 방해하는 최대 원인은 날마다 몰아치는 쓸데없는 일상 업무 때문입니다. 이러한 부가가치 없는 일을 모두 제거할 수 있다면 지금의 60퍼센트의 역량으로도 지금까지의 실적을 유지할 수 있습니다.

아무도 읽지 않는 자료가 있다

예를 하나 들어보죠. 이 금융기관의 영업지원팀은 매일 밤늦게까지 영업직원이 영업활동을 원활히 진행할 수 있도록 상세한 자료를 만들고 있었습니다. 팀장은 절감할 수 있는 부가가치 없는 업무가 있는 건 아닌지 살펴보기 위해 팀원들에게 물었습니다.

"무엇 때문에 그 자료를 만들고 있는 거야?"

팀원들이 대답합니다.

"영업직원들이 효과적으로 영업할 수 있도록 돕기 위해서입니다."

팀장이 또 묻습니다.

"정말 영업직원들한테 도움이 될까?"

"도움이 된다…고 생각합니다. 아마도…."

"도움이 되는지 확신이 없는 것을 보니 불안하네. 영업직원에게 직접 확인해보지."

막상 확인해보니 결과는 형편없었습니다. 매달 배포되는 영업지원팀에서 작성한 50페이지의 자료가 영업직원의 책상 위 서류 더미 속에 파묻혀 있거나 서랍에 들어가 있거나 여기저기 돌아다니는 경우가 대부분이었습니다.

물론 자료를 읽는 영업직원도 있었죠. 하지만 그런 이들도 50페이지 전부를 읽지는 않고 3페이지짜리로 정리한 자료가 도움이 된다고 했습니다.

50페이지의 자료가 8페이지로!

'그동안 우리의 노력은 무엇이었을까' 하는 생각이 들어 슬퍼질지도 모르지만 문제를 발견할 수 있어서 다행이라고 생각할 수도 있습니다. 그 후 영업지원팀은 영업직원이 정말로 유용하게 보고 있다는 3페이지짜리 자료를 기초로 보다 알기 쉬운 자료를 만들기로 했습니다. 완성된 자료는 8페이지. 50페이지에 달하는 자료 작성 업무가 단 8페이지로 줄어든 것입니다. 부담은 50분의 8로 줄었고, 영업지원팀의 야근도 사라졌습니다.

다양한 업무 중에 결과를 내기 위해 필요한 과정에 기여하지 않은 일은 모두 허사입니다. 과연 당신의 직장에는 결과를 내기 위한 어떤 과정과도 연관되지 않고 단지 과거의 관례나 고정관념에 의해 일상적으로 하는 일이 없을까요? 루틴하게 반복적으로 하는 업무는 모두 업무에 연관된 걸까요? 그런 일을 찾아내는 것이 성과를 유지하면서 야근을 줄이기 위한 첫걸음입니다.

47.

어떻게 해야 실패를 용인하지 않는 분위기에서 실패에 유연한 분위기로 변할까요?

왜 일본 기업은 글로벌 경쟁력이 약한 걸까?

"실패해도 내가 책임진다"는 말을 드라마에서는 자주 듣지만 부하 직원의 실패에 대한 책임을 개인적으로 모두 질 각오를 할 수 있는 리더는 현실에는 거의 없습니다. 대부분의 일본 기업에서는 실패를 용인하지 않는 풍조가 만연해 있기 때문에 리더들은 실패하지 않도록, 실패하지 않기 위한 의사결정을 합니다.

그러나 그러한 분위기야말로 글로벌 경쟁에서 일본 기업이 뒤처지는 원인이 되고 있습니다. 신중하게 의사결정을 내리다 보니 그 결정이 너무 늦는 것이죠.

일본 기업의 해외법인에는 현지 책임자로서 전권을 가지고 업무를 추진하지만 일본 본사로부터 "앞서나가지 마라"라고 꾸지람을 듣는 것을 두려워해 "본사와 논의해보겠습니다"라는 식으로 그 자리에서의 의사결정을 피하는 리더들이 많습니다.

반면 해외 기업은 어느 정도의 안건에 대해서는 현지에서 결정해도 좋다는 권한 이양의 기준이 명확하게 설정되어 있습니다. 그렇기 때문에 의사결정이 빠릅니다. 그 결과 일본 기업은 해외 기업에게 선두를 내주는 것이죠.

한 일본 기업의 현지책임자는 "본사에서는 '책임을 가지고 조직을 리드하라'라고 하는데 듣기에는 좋지만 마치 '현지에서 뭔가 실패하면 모두 네 책임이야'라고 협박하는 것 같다"라고 한탄합니다. 분위기가 이렇다 보니 돌다리도 두드려보면서 안전지향적인 방법을 취할 수밖에 없습니다.

실패의 책임을 '개인'에게 떠넘기려고 하니까 '실패하면 어떡하지?', '실패하고 싶지 않다'라고 생각하여 적극적으로 일하지 않게 되는 것이죠.

그렇다면 어떻게 해야 할까요? 도전적인 안건에 대한 책임 소재를 개인이 아닌 조직에 두어야 합니다.

▌ 책임을 개인에게 물으니 판단을 그르친다

▌어느 자동차 제조회사는 까다로운 협상을 효율적으로 진행하기 위해서 영업직원과 그 상사, 개발팀이 정기적으로 모여 영업팀이 집중적으로 공략하려는 안건에 대해 가능한 조건의 상한과 하한, 납기 등에 대한 정보를 교환하고 있습니다. 그리고 협상 당일에는 조건의 폭을 넘어서는 고객의 요구에 대해서는 전화를 주고받으면서 신속히 대응하여 되도록이면 현장에서 의사결정을 할 수 있는 체제로 정비하고 있습니다.

특히 B2B의 안건에서는 회사와 회사가 복수의 거래로 연결되어 있는 경우가 많아 이 안건에서는 우리가 불리해도 저 안건에서는 우리가 유리해서 서로 상쇄할 수 있으니 약간의 무리한 조건도 충분히 받아들여도 된다는 결정을 내릴 수도 있습니다.

그러한 복잡한 상황 아래에서 책임을 개인에게 묻는 분위기라면 판단을 제대로 할 수 없습니다. 예를 들어 이런 조건으로 합의하면 본사로부터 욕을 먹는다고 판단해 거절한 안건이 실제로는 상부상조하는 양사의 관계 유지를 위해서는 우리 쪽이 받아들여야 할 조건이었으나 이를 거절함으로써 양사의 관계에 금이 가는 경우가 생길 수도 있습니다.

"책임은 내가 진다. 네 생각대로 하라"라는 것은 이제 옛말입니다. 기업 활동에서 일어난 실패의 책임을 개인이 지는 시대는 끝났습니다. 개인의 재량으로 실패를 허용하고, 책임을 지는 것이 아니라 팀(회사) 전체가 허용할 수 있는 실패를 판단하고 신속히 결단하는 체제 구축이 요구됩니다. 이것이 실패를 용인하지 않는 풍조를 타파하는 가장 중요한 방법입니다.

48.

조직 혁신

옆 부서 리더가 팀원들에게 폭언을 하는데, 어떻게 해야 그만두게 할 수 있을까요?

직장 내 괴롭힘이 기업을 망친다

제가 들은 이야기 중 가장 충격적인 것은 직장 내 괴롭힘을 당한 부하직원이 끝내 자살로 삶을 마감한 경우였습니다. 직원이 실수할 때마다 리더가 다른 사람들 앞에서 공공연하게 그 직원의 인격을 부정하며 욕을 하고 무능하다고 비난했다고 합니다. 그 결과 최악의 결말을 맞이한 것이죠.

한층 더 아연실색한 것은 그 후 회사의 대응입니다. 리더의 책임은 묻지 않았습니다. 그러기는커녕 얼마 후 그 리더는 한 단계 위 직급으로 승진을 했습니다.

그 회사는 실적으로는 우량 기업이었기 때문에 채용을 통해 꾸준히 좋은 인재를 확보할 수 있어서 호조를 유지하고 있었습니다. 그러나 정신 건강의 문제로 그만두는 직원들도 많았죠. 계속되는 리더의 갑질에도 모두들 보고도 못 본 척하며, 오히려 그런 분위기에 동조해서 일을 그르치거나 실수한 직원을 바보로 만드는 사람까지 있었습니다.

회사를 그만둔 사람들이 회사에서 겪은 부당함과 억울함을 인터넷을 통해 퍼뜨리면서 그 기업은 단숨에 블랙 기업이라는 악평을 얻기 시작했습니다. 점차 구인에서도 희망 인재를 원하는 만큼 뽑을 수 없게 되었고, 현재는 실적도 서서히 악화되고 있습니다.

간접적으로 그만두게 하라

갑질하는 리더에게 고치라고 말합시다. 갑질은 비록 그 리더가 당신의 직속상사가 아니라 이웃 부서의 리더일지라도 무서운 일입니다.

'내가 직접 피해를 당한 것은 아니니 일부러 나서서 일을 더 크게 만들 필요는 없다'라는 생각이 들 수밖에 없죠. 그러나 여기서 보고도 못 본 척하면 앞서 서술한 회사처럼 직장 내 괴롭힘을 방치하는 기업 풍토가 만들어집니다. 지금은 몰라도 시간이 흐르면서 회사의 평판은 점점 떨어지고 그에 따라 실적도 하락할 것입니다.

직장 내 괴롭힘은 확실히 경영에 있어서 회사 전체의 중요 과제입니다. 못 본 척하고 그냥 넘길 수 있는 가벼운 문제가 아니죠. 방치하면 언젠가 회사 자체를 망칠 수도 있습니다.

다만 '못 본 체하지 말고 행동하라. 보복을 두려워하지 말고 갑질 상사를 고발하라'라는 말을 들어도 이를 실행하는 것은 쉬운 일이 아닙니다. 제가 강사로 있는 비즈니스 스쿨에서 "옆 부서 리더의 직장 내 갑질을 없애기 위해 직접 행동에 나설 수 있습니까?"라고 물으면 대부분의 사람들이 "어렵다", "망설여진다"라고 답합니다. "저 사람의 직원들 정말 불쌍하다", "저 사람은 너무 심하다"라고 뒤에서는 이야기하지만 그 문제를 직접 나서서 바로잡는 것은 현실적으로 매우 어렵습니다.

그러나 "직장 내 갑질 방지를 위해 회사에 '건전한 소통 방식을 배움으로써 동료와의 신뢰 관계를 공고히 하고 싶다. 직원 육성의 질을 높이고 싶다. 그러니 배움의 기회를 마련해달라'라고 제안할 수 있습니까?"라고 물으면 대부분의 사람들이 할 수 있다고 답합니다.

직장 내 갑질 문화를 해소하기 위해 올바르게 소통하는 방법을 배우는 자리를 내, 외부(연수, 세미나)에라도 마련하고 분위기의 범위를 점점 넓혀간다면 비교적 낮은 리스크 속에서 조금씩 적극적인 행동으로 옮길 수 있을 것입니다.

옆 부서에서 일어나는 직장 내 갑질 행위에 문제의식을 느끼는 당신의 자세는 훌륭합니다. 거기서 '못 본 체하고 말 것인가' 아니면 '자신에게 창끝이 닿지는 않았지만 한 걸음 더 내딛을 것인가'는 큰 갈림길일 것입니다.

49.

워라밸을 빙자해 시간 엄수에 소홀한 직원을 어떻게 지도해야 할까요?

그 자리에서 바로 지적하라

이 직원의 행동은 '워크 앤 라이프 밸런스'의 단계를 훨씬 넘어섰습니다. 출근시간이나 휴식시간을 지키지 않는 것은 단순한 취업규칙 위반일 뿐입니다.

이런 직원들을 몇 개월씩 방치하는 것은 리더로서의 직무유기이며, 만약 직원의 문제가 커졌을 때 "그동안 팀장님께서 아무런 주의를 주지 않으셨기 때문에 문제가 아니라고 생각했어요"라고 변명하면 회사는 리더인 당신의 관리 책임을 물을 것입니다.

첫 번째 주의 조치는 출근 시간에 늦은 그때 그 자리에서 바로 해야 합니다. 다만 "왜 지각한 거야?", "업무에 대한 정신 상태가 그게 뭐야!"라고 무조건 야단치면 요즘 세상에서 말하는 '직장 내 갑질'이라고 고발을 당할 것입니다. 설사 일이 그렇게까지 커지지 않는다고 해도 나중의 인간관계에 응어리가 남을 것이 확실합니다.

무엇보다 중요한 것은 상대방에게 지각해서는 안 된다는 것을 깨닫게 하고 스스로 행동을 고칠 수 있게 하자는 것입니다. 지각이나 쉬는 시간에 대한 지도는 회사의 룰로 정해져 있는 취업규칙에 따라 '이 항목을 위반하고 있다'고 보여주면서 조용히 단호하게 주의를 줘야 합니다.

우선 늦은 이유를 묻고 그 내용을 서면으로 남깁니다. 가령 지각의 이유가 대중교통의 지연이나 사고, 병이 아닌 늦잠이나 숙취 등 개인 생활습관의 실수로 인한 경우에는 습관의 문제를 지적하여 지각하지 않도록 지도합니다.

만일 지도했음에도 불구하고 얼마 지나지 않아 또 지각한 경우에는 본인에게 재발 방지책을 세우게 하고 그것도 서면으로 남깁니다. 그리고 "지각은 취업규칙 위반이다. 만약 다음에 지각을 한다면 상사로서가 아니라 회사 차원에서 그에 걸맞은 대응을 할 수밖에 없다"라고 충고합니다. 부하직원이 계속해서 지각을 거듭하면 상사로서 언제까지고 계속 감싸줄 수 없음을 알려야 합니다.

잘못된 싹은 어렸을 때 자른다

부하직원의 잘못된 행동에 주의를 주지 않는 것은 상사로서 직무유기입니다. 상사의 직무유기는 부하직원의 직무유기를 조장합니다.

우리는 횡령이나 부정비리 등의 불상사가 발각되어 징계 및 해고에 이른 사례를 자주 뉴스를 통해 볼 수 있습니다. 그 대부분이 '이 정도는 괜찮지 않을까?'라는 작지만 달콤한 태만의 유혹에서 시작된 일들입니다. 잘못된 싹을 어렸을 때 잘라두는 것이 직원의 미래를 지키는 데에도 도움이 됩니다.

단 한 사람의 미꾸라지와 같은 행동을 간과하면 팀과 회사 전체에 엄청난 악영향을 미치게 될 수도 있습니다. 직원의 거듭되는 취업규칙 위반은 개인의 문제로서가 아니라 회사 전체의 문제로서 신속하고 세심하게 대응하는 것이 중요합니다. 아무리 바빠도 일손을 멈추고 최우선 과제로 대응한 뒤 대응 내용을 세세하게 기록으로 남깁니다. 그리고 회사 차원에서 그 기록을 공유합니다. 상사 대 부하직원이 아니라 회사라는 조직의 차원에서 대응하는 것이 필요합니다.

50.

직원과 동료들을 위해서는 열심히 하고 싶지만, 회사를 위해서는 최선을 다하고 싶지 않습니다. 제가 이상한 건가요?

'부하직원이나 동료를 위해서 가능한 한 모든 것을 하고 싶다'고 생각하는 리더는 좀처럼 많지 않습니다. 그런 면에서 당신은 정말 훌륭한 리더입니다. 일이 막혔을 때 상담할 수 있고 인간관계의 고민을 이야기할 수 있는 리더가 같은 직장에 있다는 것은 부하직원이나 동료들에게 마음이 든든한 일입니다.

왜 회사에 대한 충성심을 잃어버렸는가?

그런데 당신이 회사에 대한 충성심을 잃어버린 이유는 무엇일까요? 예전에 어느 회사의 팀장이 당신과 똑같은 고민 상담을 요청한 적이 있습니다.

"우리 부장님은 부하의 목소리에는 귀를 기울이지 않습니다. 게다가 진심으로 고객을 생각하지 않습니다. 일에 사명감을 갖지 않은 것처럼 느껴집니다. 왜 회사는 이런 사람을 부장 자리에 앉혀놓은 걸까요? 그렇게 생각하니 점점 의욕이 없어져서…."

그가 안고 있는 고민은 상사에 대한 불만이었습니다. '회사를 위해서 일할 마음이 생기지 않는다'는 것은 저 상사를 위해서 일하고 싶은 마음이 생기지 않는다는 것과 같은 말이었습니다.

혼자서 상사의 자세를 바꾸기는 어렵다

 저는 컨설턴트로서 여러 회사와 함께 일을 해왔습니다. 그동안 실로 다양한 상사들을 봐왔습니다. 세상에는 정말로 회사의 장래를 생각하면서 직원을 육성하고 스스로도 성실하게 고객을 대하는 훌륭한 상사들이 많습니다. 한편 빈말이라도 훌륭하다고 결코 말할 수 없는 상사들도 많죠. 자신의 실적을 실제 이상으로 부풀리는 사람, 상사에게 아첨을 잘하는 사람, 연공서열 제도에 편승하여 그저 오래 다녔다는 이유로 승진한 사람, 모회사에서 출세하지 못하고 자회사로 내려와서 높은 자리를 차지하고는 안주한 채 일처리를 태만하게 하는 사람.

 이런 사람들이 상사의 자리를 차지하고 거들먹거리는 회사가 유감스럽지만 많습니다. 일을 대하는 상사의 자세를 개인의 혼자 힘으로 바꾸는 것은 지극히 어려운 일이라고 할 수 있습니다. 아무리 노력해도 리더 혼자의 힘으로는 상사가 바뀌지 않습니다. 게다가 혼자서 고군분투하다 보면 오히려 자신의 의욕이 하락하게 됩니다.

 부질없는 상사 때문에 자신의 회사 인생의 생기까지 시들어버리는 건 너무나 안타까운 일입니다. 이 책을 통해 일관되게 전해온 말을 여기서 다시 한 번 강조하고자 합니다. 리더 개인이 아닌 조직의 차원에서 대응함으로써 상사를 바꾸는 것입니다.

부하직원의 고민에 귀 기울이지 않는 상사를 바꾸다

우리 인생에서 엄청나게 긴 시간을 보내는 회사, 가능하다면 회사 인생도 보람차게 만들고 싶은 것이 인지상정입니다. 이를 위해서 어떻게 하면 좋을까요? 무능한 상사도 참여시켜 토론을 해보세요.

어느 통신회사의 한 부서는 토론을 통해서 "팀원 전원이 밝은 표정으로 서로 도울 수 있는 일하기 좋은 직장을 만들자"라는 추진과제를 정하고, 이를 위해 무엇을 실행할지 구체적인 행동 계획을 세웠습니다. 행동 계획의 핵심은 월 2회 실시하는 좌담회였습니다. 이른바 직원들의 고민이나 과제를 공유하고 상호간의 구체적인 행동 강화를 도모하기 위한 좌담회입니다. '커넥션 강화 좌담회'라고 명명된 이 좌담회에 그 '한심스러운 상사'인 부장도 참석하도록 했습니다. 커넥션 강화 좌담회에서 직원들은 부장에게 고민을 상담하고 조언을 구했습니다.

평소 직원들의 고충을 들어주지 않기로 악명이 자자한 부장을 커넥션 강화 좌담회를 이유로 직원들의 고민을 듣지 않을 수 없는 자리에 억지로 끌어들인 것이죠. 직원들의 고충과 부장의 피드백을 자료로 정리하여 직속 상사인 임원에게 제출했습니다. 이걸로 부장은 도망갈 곳이 없어졌죠. 직원들의 고충 상담을 적당히 처리해서는 그 내용이 고스란히 자료에 기록되어 상사인 임원에게 보고되기 때문입니다. 그때까지 직원들의 고충에 무관심했던 부장은 팀원들의 고민을 진지하게 듣고 조언해주는 상사로 조금씩 변해갔습니다.

직원들과 동료들을 위해 할 수 있는 모든 것을 하고 싶다는 마음이 있다면 부하직원들과 동료들의 도움을 받아 현재 상태를 조금씩 바꿔 나가도록 하세요.

우선은 '어떤 직장으로 만들고 싶은가'에 대해 기탄없이 서로 이야기를 나누고 이어서 상사를 끌어들여 직원들의 소리에 귀를 기울이지 않을 수 없는 상황을 만들어가는 것이 중요합니다.

혼자 끙끙대지 마라

세미나나 컨설팅, 좌담회 등에서 저에게 '진짜 고민'을 밝혀준 1만 명이 넘는 리더들, 자신의 약점을 드러내고 진지하게 고민을 털어놓은 모든 이들에게 진심으로 감사를 드립니다. 고민을 들려준 리더들은 영세 상공인, 대기업의 부장이나 팀장들, 승계를 받은 지 얼마 안 된 2세 사장들도 있었고, 이제 막 리더가 되어 희망에 불타는 젊은이들도 있었습니다.

리더들의 프로필은 정말 다양합니다. 그러나 그렇게 다양한 프로필을 가진 리더들로부터 접수된 1만 건이 넘는 고민을 요약해보면 50건으로 좁힐 수 있었습니다. 기업 규모나 창업 연수, 업종에 관계없이 리더들은 모두 비슷한 고민을 하고 있었습니다.

팀의 실적이 오르지 않거나 문제가 생기는 것은 당신의 능력이 부족해서가 아닙니다. 어느 회사의 어떤 팀이라도 마찬가지의 문제가 발생하고 실적이 생각만큼 올라가지 않아 리더들이 골머리를 앓고 있습니다.

그렇기 때문에 더욱 강조하고 당부하고 싶은 것이 있습니다. 제발 고민을 혼자 떠안지 마세요. 이 책에 도움을 준 1만 명의 리더들과 마찬가지로 고민을 누군가에게 말하고 도움을 청해보세요. 가능하면 옆 부서의 리더나 자신의 팀원 등 사내 동료들과 적극적으로 상담해보세요. 그 행동이 사내에 '서로 돕는 문화'를 낳는 계기가 됩니다. 그리고 서로 돕는 협업의 문화는 어려운 시장 환경을 헤쳐 나가는 데 큰 힘이 됩니다.

서로 도우라는 말을 들어도 사람들은 좀처럼 그렇게 행동하기 쉽지 않습니다. 누가 무엇 때문에 고민을 하고 있는지도 모르는 상태에서 하물며 서로 돕는 협업의 문화가 없는 상황에서 발 벗고 나서서 행동할 수 있는 사람은 극히 드물죠.

하지만 "이런 것 때문에 고민이에요. 당신이 힘이 되어줄 수 있을 것 같아요. 상담해주실 수 있겠습니까?"라고 진지하게 부탁하면 의외로 많은 이들이 이를 꺼리지는 않습니다. 자신을 믿고 부탁하니 어떻게든 도와주고 싶은 마음이 들고, 실제로 많은 사람들이 그런 행동을 보여준 것을 수도 없이 확인했습니다. 누군가가 곤란한 상황에 있으면 도와주고 싶다는 DNA가 우리 인간에게 내장되어 있는 것이죠.

한 사람의 지혜를 모두의 지혜로

지금으로부터 수만 년 전 지구상의 포유강 영장목 사람과의 사람속은 '네안데르탈인'과 우리의 조상인 '호모 사피엔스'의 2종을 제외하고 나머지는 모두 도태되었습니다. 그리고 마침내 이 두 종 가운데 어느 한쪽은 지구상에서 살아남았고, 어느 한쪽은 어떤 이유로 멸종했습니다.

네안데르탈인은 호모 사피엔스보다 지능이 뛰어나고 몸집도 1.3배 정도 크고 강했다고 합니다. 하지만 지구에 발생한 극심한 기후변화 끝에 살아남은 것은 네안데르탈인보다 더 취약한 호모 사피엔스였죠.

왜 그랬을까요? 네안데르탈인은 자신들이 매우 강하다는 것에 대한 과신 때문에 많아야 5명 정도의 집단밖에 형성하지 않았다고 합니다. 단독 혹은 소규모로 수렵에 나섰다가 상처를 입고 멸종의 길로 나아간 것입니다. 반면 호모 사피엔스는 자신들이 네안데르탈인에 비해 취약하기 때문에 그 약점을 보완하기 위해 큰 집단을 형성하여 살아남기 위한 지혜를 모았습니다. 2,000명 규모의 집단을 형성해 살았던 것으로 보이는 유적이 발굴되고 있죠. '한 사람의 지혜'를 공유하여 '모두의 지혜'로 만들어 생존 가능성을 최대한으로 높였던 호모 사피엔스는 오늘날까지 살아남을 수 있었습니다.

우리 조상들은 멸종의 위기를 협업을 통해 극복했습니다. 이건 결코 허튼소리가 아닙니다. 서로 돕는 것이 바로 생존을 위한 유일한 길입니다.

시간은 흐르고 흘러 2020년대에 들어섰습니다. 인류 멸망의 위기가 찾아오지는 않았지만 사업상 시장 여건은 점점 더 어려워지고, 경쟁은 점점 더 심화되고 있죠. 회사가 시장에서 도태되는 것을 '멸종'에 비유한다면 지금 그야말로 멸종 위기에 처해 있는 회사는 무척 많을 것입니다.

그러나 두려워할 필요는 없습니다. 서로 도움으로써 큰 위기를 극복할 수 있다는 것을 우리는 알고 있기 때문입니다. 고민을 드러내고 도움을 청하는 것은 약한 모습이 아닙니다. 자신이 속한 집단의 생존 가능성을 높이는 용기 있는 행동입니다.

마지막으로 어머니의 이야기를 하고자 합니다. 병약한 어머니는 늦은 밤까지 몸이 으스러지게 재봉 일을 하면서 목숨을 걸고 저를 키워주셨습니다. 공부도 못 하고 새우등을 한 채 손톱을 물어뜯으면서 항상 어머니의 뒤에 숨어서 안절부절 못하던 저를 어머니는 '이 아이가 내게는 세상에서 제일가는 보물'이라고 말하며 정성껏 키워주셨습니다.

앞서 〈머리말〉에서도 말한 바와 같이 리더로 발탁되면서 처음으로 부하직원을 거느리게 된 저는 회사를 그만두고 싶을 정도로 정신적 스트레스에 몰려 있었습니다. 그런 저를 구해준 건 어머니에게서 온 한 통의 편지였습니다.

"리더의 역할은 너의 우수성을 보여주는 것이 아니란다. 네가 해야 할 일은 직원 한 사람 한 사람의 장점을 찾아서 서로 힘을 합쳐 도울 수 있는 팀을 만드는 일이란다."

'바보는 바보대로 할 수 있는 것이 있을 테니 열심히 해보자. 그리고 모르는 것은 직원들에게 솔직하게 물어보자.'

각오를 다지는 순간이었습니다. 이것이 제 리더 인생의 원점입니다. 당신의 소중한 인생 가운데 많은 시간을 보내는 직장, 부디 함께 일하는 동료를 믿고 서로 돕기를 바랍니다. 이 책을 계기로 당신의 팀 내 그리고 사내에 '협업'의 고리가 널리 퍼져 여러분이 크게 활약하기를 진심으로 응원합니다.

저는 중학교 동창과 첫사랑을 했습니다. 그 첫사랑은 지금 아내로서 제 인생을 지지해주고 있습니다. 독자 여러분에게 도움이 될 수 있는 내용인지 함께 몇 번이나 읽어주며 집필을 도와준 아내에게 진심으로 감사의 말을 전하고 싶습니다.

끝까지 함께한 독자들에게 다시 한 번 감사의 말씀을 전합니다.

아사이 고이치

옮긴이_ 임해성

글로벌비즈니스컨설팅(Global Business Consulting, GBC) 대표이사.
인덕대학교 교수 역임. 한국능률협회와 한국능률협회컨설팅을 거쳐 25년간 일본을 비롯한 해외 우수기업의 선진 경영기법과 혁신사례를 국내에 전파하고 있다. 지금까지 《말과 칼》 《토요티즘》 《남자라면 오다 노부나가처럼》 《도요타 vs. 도요타》 《워크 스마트》 등의 책을 지어 한국의 경영혁신 활동과 인문학적 소양, 리더십에 대한 인사이트를 제공하고 있다.
또한 《내가 하는 일, 가슴 실레는 일》 《회사의 목적은 이익이 아니다》 《인공지능이 바꾸는 미래 비즈니스》 《세상에 읽지 못할 책은 없다》 《위험한 일본 경제의 미래》 《전략의 본질》 《세계 1%의 철학 수업》 등의 책을 번역해 경영전략, 고객 만족, 직원 만족, 조직문화, 4차 산업혁명 등에 필요한 지식과 노하우를 전파하고 있다.

1만 명 리더의 고민

초판 1쇄 인쇄 2021년 1월 21일
초판 1쇄 발행 2021년 1월 28일

지은이 아사이 고이치
옮긴이 임해성
펴낸이 신경렬

편집장 유승현 **책임편집** 황인화 **편집** 김정주
마케팅 장현기 · 정우연
디자인 이승욱
경영기획 김정숙 · 김태희
제작 유수경

펴낸곳 (주)더난콘텐츠그룹
출판등록 2011년 6월 2일 제2011-000158호
주소 04043 서울시 마포구 양화로12길 16, 7층(서교동, 더난빌딩)
전화 (02)325-2525 **팩스** (02)325-9007
이메일 book@thenanbiz.com **홈페이지** www.thenanbiz.com

ISBN 978-89-8405-215-4 03320